POSITIVE

POSITIVE

BIOGRAPHIE DE PAIGE RAWL
AVEC LA COLLABORATION
D'ALI BENJAMIN

Traduit de l'anglais (États-Unis)
par Véronique Minder

hachette
ROMANS

Traduit de l'anglais (États-Unis)
par Véronique Minder
Couverture : Polina Osherov, 2014.

L'édition originale de cet ouvrage a paru chez HarperCollins,
New York, sous le titre :

Positive

Pour ma mère, qui a toujours été mon roc,
a toujours cru en moi. Sans toi,
jamais je n'aurais surmonté les épreuves.
Je t'aime !

À la mémoire de mon père
Charles Newman Rawl II

Je dédie ce livre à toutes les victimes,
occasionnelles ou non, de harcèlement
et de stigmatisation.
Ne perdez pas espoir !

Note de l'auteur

Nous avons tous notre vérité. Ces vérités, une fois réunies, forment l'expérience humaine.

Mes amis et les non-amis dont je parle dans ces pages ont leur vérité. Certains se reconnaîtront à peine dans la description que je fais d'eux. D'autres ne savent pas, ne sauront peut-être jamais jusqu'à quel point ils m'ont blessée.

Je ne connaîtrai bien sûr jamais la vérité des nombreuses personnes dont la vie et l'histoire ont à un moment croisé les miennes.

Si la plupart des noms et des lieux ont été modifiés – y compris celui de mon ancien collège –, les faits relatés et les protagonistes sont réels comme le fut leur impact sur ma vie.

Seule exception, les adolescents que j'ai rencontrés au centre de gestion du stress. Un jour peut-être, ils raconteront leur histoire. Leur double fictionnel s'inspire d'êtres en souffrance que j'ai côtoyés lors de ce séjour et qui m'ont confié leurs inquiétudes et leurs peurs, leur stress et leur désespoir. La douleur qui transparaît dans ces récits est authentique.

Sinon ces mémoires reflètent la vérité de mes souvenirs.

Préface

Qui s'imagine un jour voir son nom écrit en toutes lettres sur les murs des toilettes ? Personne. Et certainement pas moi. À vrai dire, avant de le vivre, jamais je n'avais prêté attention aux graffitis des toilettes d'un café ou d'une banale station-service.

C'est vrai, il m'était arrivé de m'interroger – *Est-ce que Jasmyn aime vraiment Shawn 4ever ? Qu'est-il donc arrivé à Darren pour qu'il reste « à jamais dans nos souvenirs, que pour toujours on se souvienne de lui ?* –, mais c'était une pensée si fugitive que j'avais déjà oublié Jasmyn ou Shawn avant même de me laver les mains et de les placer sous le sèche-mains à air pulsé.

Et puis un jour, je suis entrée dans les toilettes de mon collège et j'y ai lu, sur le mur, mon nom écrit au marqueur noir. Dessous, des élèves avaient ajouté des commentaires au stylo à bille. Si j'avais pu imaginer... Je m'étais toujours perçue comme une « fille bien », plus *Glee* que *Kardashian*, plus Taylor Swift que Miley Cyrus. J'étais convaincue que j'étais faite pour vivre en groupe et non en solitaire.

Puis, j'ai compris au fil du temps que l'on ne choisit pas toujours. Parfois, le vivre ensemble s'avère impossible et c'est la lutte en solitaire qui vous est imposée. Le destin vous sélectionne, vous seule et pas une autre, pour vous aiguiller sur une voie sans espoir de retour. « Désolé ma belle, vous déclare alors le destin, mais tu ne pourras pas faire autrement : tu vas être obligée de te battre. » Et comme vous regardez le destin sans comprendre, celui-ci hausse les épaules. « Tu as intérêt à te préparer, sinon je ne donne pas cher de ta peau. » Je n'ai pas eu le choix : j'ai dû apprendre à me battre contre l'adversité.

Des années plus tard, j'ai tiré les leçons de cette expérience. J'ai appris, par exemple, qu'on pouvait combattre avec le sourire. Et par-dessus le marché, en jupette, T-shirt de pom-pom girl, à grand renfort de pompons. Ou encore, coiffée d'une tiare étincelante, la poitrine barrée par une écharpe de satin sur laquelle était écrit, par exemple, *Miss Indiana High School America*.

Mais le jour où j'ai vu mon nom dans les toilettes des filles de mon collège, je n'en étais pas encore là. Tout ce que je savais, à cet instant précis, c'est que le monde tel que je le connaissais et auquel je voulais adhérer, m'intégrer sans réserve, venait littéralement de basculer.

Tandis que je fixais le graffiti, j'ai évalué les options. Je pouvais rayer mon nom, essayer de le faire disparaître.

Manque de chance, je n'avais qu'un stylo dans ma trousse. Si je réussissais à barrer les commentaires qui avaient été ajoutés, en revanche il était impossible de recouvrir le trait épais du marqueur noir. De toute façon, ce n'était pas de cette manière que je pouvais effacer les pensées d'autrui.

Il ne me restait donc pas d'autre solution que de me regarder dans la glace, me lisser les cheveux, prendre une grande inspiration et enfin, ouvrir la porte. Quand je suis sortie des toilettes, je souriais comme si de rien n'était. Comme si ces mots tracés au marqueur noir, qui équivalaient à une sentence d'exclusion, n'existaient pas.

Voilà ce qui avait été écrit sur le mur de ces toilettes :

PAIGE A LE SIDA

Puis :

Salope. Putain.

Et enfin :

PAIGE = SIDA

J'étais porteuse du virus du VIH. Séropositive. Mais je n'avais pas le sida. Le VIH est lié au sida, mais le VIH n'est pas le sida. Les élèves de Clarkstown Middle School ne faisaient pas la différence. Je n'étais pas contagieuse, car le VIH ne se transmet pas comme un rhume ou la grippe : je ne représentais donc aucun risque. Ce n'était pas le problème.

Ma séropositivité était invisible, je vivais et respirais comme tout le monde. Ce n'était pas non plus le problème. Les élèves qui m'infligeaient cette épreuve avaient été des amies, voire d'excellentes amies au cours de l'année passée. Là n'était pas davantage le problème.

Car le seul problème, c'est que j'avais quelque chose que les autres n'avaient pas. Donc, j'étais différente.

Finalement, lorsque vous habitez dans la banlieue du nord-ouest d'Indianapolis, que vous êtes en cinquième et que vous n'aspirez qu'à avoir des amis, en bref, d'être comme les autres, rien n'est pire que d'être *différent*.

PREMIÈRE PARTIE

Le commencement

À l'origine

Aujourd'hui, lorsque je raconte que j'ai pris des médicaments tous les jours pendant une bonne dizaine d'années sans jamais demander pourquoi, on me regarde comme un phénomène de foire. Ou comme si j'étais la reine des idiotes. Je le conçois volontiers. Mais d'aussi loin que je me souvienne, les médicaments ont toujours fait partie de mon quotidien.

Je me revois toute petite, grimper sur le plan de travail de la cuisine, m'asseoir en tailleur et attendre patiemment qu'on me donne ledit médicament. Je revois le flacon en polypropylène blanc. Maman presse la capsule de sécurité pour la dévisser, prend une cuillère de poudre grumeleuse, qu'elle mélange au lait contenu dans un gobelet à bec verseur. Après quoi, elle replace le couvercle sur le gobelet et me le tend. Je fais une horrible grimace mais je commence à boire. Le goût de cette mixture, que j'appelle « mon pas bon », est épouvantable. Mais comme je suis une petite fille obéissante, je bois tout. Entre nous soit dit, j'aurais bu jusqu'à la dernière goutte même sans maman, dont le regard vigilant était fixé sur le breuvage rituel dont ma vie dépendait.

À l'époque, je ne le savais pas encore.

Parfois, on m'interrogeait sur mes fréquentes consultations à l'hôpital. « C'est normal ? », me demandait-on. « Oui ! » répondais-je sans détours. Et j'ajoutais même : « J'aime bien y aller. »

Riley Hospital for Children se trouve dans le centre d'Indianapolis. L'architecture moderne et l'agitation incessante de cette ville forment un étonnant contraste avec notre banlieue où notre maisonnette d'un étage s'élève au milieu d'un carré de pelouse. Sitôt que j'entrais dans le hall de l'hôpital, je levais les yeux vers les peluches géantes suspendues au plafond dont les jambes pendaient dans le vide. Je longeais ensuite un beau manège de chevaux de bois. Tout autour, le sol était jonché de pièces de monnaie. Chaque fois que nous venions à Riley, maman et moi, nous faisions un vœu et jetions notre pièce d'un penny. Moi, je souhaitais des poupées et des belles robes, ainsi que des excursions au parc aquatique, des cupcakes et la venue de Noël. Mais maman formait toujours son vœu en silence.

Quand je le lui demandais, elle esquivait : « Le même que la dernière fois, ma puce. » Puis elle me serrait dans ses bras et achevait par ces mots : « Je souhaite toujours la même chose. »

Là-dessus, on prenait un ascenseur vitré qui ressemblait à celui de Willy Wonka dans *Charlie et la Chocolaterie*, et l'on montait au troisième étage. Ensuite, on patientait dans le bureau du médecin. Jamais je ne résistais au plaisir de jouer avec les appareils médicaux. Je pressais sur la poire en caoutchouc du tensiomètre, retirais puis remettais les spéculums auriculaires de l'otoscope. À chaque visite, maman me grondait. C'était pour la forme, car elle contenait mal son sourire.

— Ça suffit, Paige ! Le docteur Cox ne va pas être contente !

Mais lorsque le docteur Cox entrait dans son bureau, l'air détendu, chaussée de baskets flashy et portant autour du cou des colliers à grosses perles, elle n'était jamais mécontente. Au contraire, elle me saluait toujours d'une voix très gaie.

— Paige ! Comme je suis contente de te voir !

Sous sa blouse blanche, je voyais dépasser ses vêtements de ville, si féminins et si simples. Son stéthoscope aussi me donnait confiance. Je l'aimais bien. Je voulais lui ressembler.

— Je ferai le même métier que toi quand je serai grande ! affirmais-je fièrement à chacune de nos visites.

— Je sais ! répondait-elle.

Le docteur Cox me souriait, recoiffait une mèche blonde indisciplinée qui tombait sur ses yeux, puis saisissait un abaisse-langue. Elle l'introduisait dans ma bouche.

— Et maintenant, Paige, dis : « Ahh. »

Les adultes prennent rarement les enfants au sérieux, mais pas le docteur Cox. Je lui racontais tout. L'école, les soirées pyjama. Je lui confiais que je nageais comme une sirène, et c'était la vérité puisque maman elle-même l'affirmait. Je lui révélais aussi que j'aimais le karaoké et que, sur un trampoline, je sautais si haut que je rejoignais les oiseaux. Elle m'écoutait et riait, me complimentait pour mes ongles vernis. Elle s'intéressait à mes vacances, mes professeurs et mes camarades de classe.

J'avais beau être sa patiente et n'être qu'une enfant, elle me traitait comme une grande personne et, de plus, semblait beaucoup m'aimer. Le personnel de l'hôpital aussi, d'ailleurs. Les infirmières des urgences m'appelaient par mon prénom et se souvenaient de mon dossier médical ainsi que de diverses anecdotes à la maison et à l'école. Elles m'interrogeaient sur les livres que je lisais et m'encourageaient quand je leur expliquais que j'apprenais à faire du vélo. Les techniciens de laboratoire me connaissaient également. Ils me demandaient si j'étais bonne élève pour distraire mon attention des prises de sang, et des tubes à essai.

Fréquenter l'hôpital si régulièrement et dès le plus jeune âge peut paraître terrible. Mais n'est-ce pas plutôt une chance que d'avoir été entourée, dès la petite enfance, par tant de chaleur humaine et de gentillesse ? N'y a-t-il pas pire début dans la vie ?

J'ajoute que lorsque médicaments et consultations à l'hôpital s'inscrivent dans votre quotidien avant même que se forment vos premiers souvenirs, avant que vous ne sachiez écrire votre prénom seule, sauter à la corde et faire des roulades ou encore vous brosser les dents sans aide, ils deviennent une habitude et, à la longue, vous n'y prêtez plus aucune attention.

C'est comme le lever du soleil. Y êtes-vous chaque jour attentif ? Non, n'est-ce pas ? En revanche, si un beau matin, le soleil ne se levait pas, que la nuit et les étoiles persistaient, alors oui, vous remarqueriez le changement et vous vous poseriez des questions. D'une manière générale, tant qu'un événement se répète au fil des jours, des mois et des années, sans aucune interruption, vous en concluez que c'est une habitude, donc que c'est normal et dans l'ordre des choses. Vous y devenez indifférent et vous vous intéressez plutôt à vos devoirs, à la prochaine interro de vocabulaire ou à la soirée pyjama prévue la semaine prochaine.

En réalité, ce qui compte le plus, ce sont les petits détails du quotidien, par exemple, le ronronnement du réfrigérateur ou le volume de la télévision que votre mère laisse allumée pendant la journée par peur d'un trop-plein de silence. Ces bruits de fond sont omniprésents. On en a donc l'habitude, on ne les remarque plus. Alors, à quoi bon les mentionner ?

Je devine vos pensées : à ma place, vous auriez eu une tout autre réaction. Par exemple, vous vous seriez d'emblée étonné. Vous auriez deviné qu'il se passait *quelque chose de différent.* Et vous auriez posé des questions : *Que se passe-t-il ? Pourquoi ? Comment ça se fait ?* Vous voulez que je vous donne mon sentiment ? Honnêtement ? Je n'en suis pas si sûre...

D'un autre côté, mon absence de curiosité face à l'habitude d'ingurgiter des milliers de doses de médicament est peut-être à l'origine de mon problème. Leur goût était amer, c'est sûr, mais ce n'était qu'une goutte d'eau dans l'océan d'un quotidien par ailleurs foisonnant. La régularité de l'habitude... oui, voilà qui explique peut-être pourquoi j'ai été aussi démunie, le jour où ma vie s'est déréglée et a été bouleversée.

Quoi qu'il en soit, ainsi fut mon existence pendant ces années. Mon amie Azra nageait dans la piscine de sa grand-mère. Mon amie Yasmine assistait aux matchs de base-ball de son frère. Et moi, je me rendais chez le docteur Cox. Je prenais régulièrement mes médicaments, je jouais au soccer, j'habillais mes Barbie, je chantais des airs country avec maman et je regardais mon sang bien rouge remplir les tubes de laboratoire en plastique.

Telle fut mon enfance.

J'avais beaucoup d'amis et, je le dis franchement, j'étais heureuse.

Maman

Maman, bien sûr, redoutait ces visites à l'hôpital. Parce qu'elle en connaissait la raison. Elle savait que ces infirmiers, médecins et techniciens de laboratoire si bienveillants et dévoués luttaient sans merci contre la mort, pour ma survie. Maman savait que, dans mes cellules, un virus un million de fois plus petit qu'un point à la fin d'une phrase essayait de me tuer.

Ce virus, c'est la raison pour laquelle je vous raconte aujourd'hui mon histoire.

Alors que j'étais encore dans son ventre, le virus de l'immunodéficience humaine, plus simplement appelé VIH, a envahi les cellules censées me protéger et s'est intégré à leur matériel génétique. L'infection au VIH se transmet en effet de la mère au fœtus. Maman savait que si nous n'étions pas sous surveillance médicale, le VIH causerait le sida, une maladie pour laquelle il n'existe à ce jour aucun traitement curatif. Maman savait que mon organisme serait incapable de lutter contre les virus et les bactéries, les infections fongiques et parasitaires. Même le rhume le plus banal mettrait mon existence en péril. Et en définitive, je souffrirais d'une infection à laquelle je ne survivrais pas.

Maman savait, dès que l'on a rencontré le docteur Cox pour la première fois, que le sida avait déjà tué plus de onze millions de personnes dans le monde dont presque trois millions d'enfants. Oui, maman savait tout cela. Elle avait beau être impuissante, elle ne l'ignorait pas. Et si les consultations médicales et les médicaments font partie de ma vie, pour maman, il y a eu un avant et un après.

Mes parents, le jour de leur mariage.

Maman est née au nord d'Indianapolis, près de Butler University, de ses belles pelouses et bâtiments en pierre calcaire. Fille d'un entrepreneur et d'une femme au foyer, elle a eu une enfance calme et des plus ordinaires, ponctuée par les messes à l'église baptiste ou les matchs de base-ball qui se déroulaient dans le quartier. Elle avait une vingtaine d'années quand elle a rencontré mon père. À cette époque, elle travaillait comme serveuse dans un bar où papa est venu boire un verre. Ancien officier de la Navy et fils de militaire, mon père possédait un dépôt-vente de voitures d'occasion et avait le charme, l'affabilité et le charisme qui faisaient de lui un vendeur hors pair. Ils se sont parlé. Il l'a fait rire. Ils ont découvert qu'ils partageaient deux passions : le bateau et la musique country.

J'imagine mes parents insouciants et complices dans ce bar. J'admets que c'est un peu bizarre de penser à son père et à sa mère au début d'une relation qui n'a pas eu la chance de connaître l'épreuve du temps. Mais c'est encore plus bizarre de songer à ses parents en sachant que l'un a transmis à l'autre le VIH et a ainsi changé la vie de toute une famille et, par la même occasion, de générations futures. Pour toujours.

Il semblait si gentil… C'est ce qu'affirme maman quand elle parle de lui.

Mais n'est-ce pas toujours ce que l'on dit avec le recul, une fois que le mal a été fait : « Il était tellement sympa ! Et drôle, en plus de ça. Si on nous avait prédit ce qui arrive-rait... »

Ils ont fait du bateau sur le lac Morse. Ils ont parlé à en perdre haleine. Il lui a avoué qu'il voulait un enfant d'elle. Il était même impatient de le coacher quand, plus grand, il ferait partie de la Little League[1]. Sous le soleil qui miroitait sur l'eau, tandis que le vent jouait dans sa longue chevelure blonde, elle a cédé au rêve de passer le reste de sa vie avec lui. Elle souriait à la pensée qu'un jour il entraînerait un enfant. Le leur. Elle se voyait déjà se lever sur les gradins pendant les matchs pour applaudir leur petit et l'acclamer.

Elle en rêvait. Elle voulait épouser cet homme séduisant qui la faisait rêver.

Après leur mariage, maman a secondé papa au dépôt-vente : elle répondait au téléphone quand il devait se rendre à des enchères d'automobiles pour renouveler son stock. Bientôt, une petite fille est née. Moi.

---

1. Organisation américaine à but non lucratif consacrée à la pratique du base-ball pour les enfants de cinq à dix-huit ans. *(Toutes les notes sont de la traductrice.)*

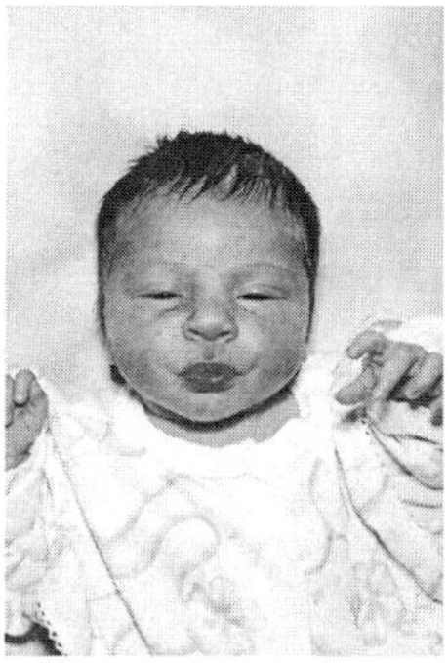

C'est moi, toute neuve !
11 août 1994

À cette époque, les affaires étaient florissantes. Mes parents gagnaient de l'argent, plus que maman ne l'aurait cru. Et si cet argent avait été le problème ? Qui sait ?

Papa est devenu jaloux. Il a accusé, à tort, maman d'infidélité. Maman avait beau nier, rien ne pouvait le convaincre du contraire. Mon père avait des hauts et des bas. Il a commencé à boire et, bientôt, son attitude est devenue instable. L'argent disparaissait et, parfois, il ne rentrait pas pendant plusieurs jours d'affilée.

Puis il a suivi des cures de désintoxication. La situation financière de la petite entreprise familiale s'en est ressentie. De là, maman a appris que mon père la trompait. Ils se sont séparés, puis se sont réconciliés et ont repris la vie commune. Elle a pleuré, il lui a fait des promesses

– qu'il n'a pas tenues. Finalement, ils se sont séparés pour de bon.

C'est maman qui m'a relaté ces événements car moi, j'étais encore toute petite. C'est aussi elle qui m'a parlé de moi bébé : de mes nuits paisibles et de mon caractère joyeux (je riais tout le temps), de mes premiers mots (« dada »), mes premiers pas (mal assurés) et ainsi de suite.

Maman m'a expliqué qu'elle avait l'habitude de m'installer à la fenêtre, l'après-midi. J'étais fascinée par les cars jaunes scolaires ; quand ils passaient bondés, je criais de joie. Les guetter et les admirer, c'était une fête quotidienne.

Ma première photo de top-model
dans l'une des superbes voitures du dépôt-vente de mes parents.

Puis vinrent les accès de fièvre de maman.

Au début, elle a pensé à une grippe. Elle avait mal partout et se sentait très faible. À un moment elle grelottait et à un autre elle transpirait. Les premiers temps, ces symptômes n'étaient pas inquiétants et ne l'empêchaient pas de s'occuper du quotidien et de moi. Mais le mal persistait, et c'était incompréhensible.

Maman a consulté son médecin à de nombreuses reprises. Pour finir, ce dernier lui a conseillé de faire une prise de sang. Tous deux ont évoqué la possibilité d'une anémie ou d'une fatigue chronique. Lorsque maman est retournée chez le médecin pour avoir les résultats de son examen sanguin, elle était loin de penser au VIH. Après tout, elle était une jeune femme du Midwest qui vivait dans une banlieue calme. Sa vie était consacrée à des activités professionnelles, maternelles et ménagères. Rien que de très banal. Bien sûr, mon père avait eu des galères. Mais pas maman. C'est dire si elle est tombée de haut quand elle a appris pourquoi son état était altéré.

— J'ai les résultats de votre prise de sang.

Le jour où elle m'a fait ce récit, maman m'a confié que le médecin était impassible.

— Vous êtes séropositive.

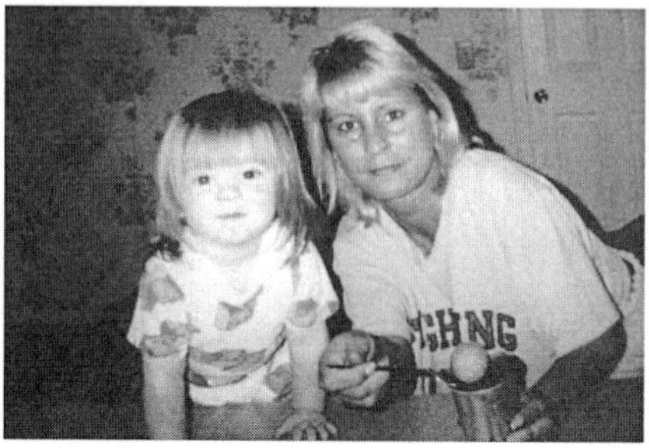

Maman m'aide à colorer des œufs de Pâques.
Elle ne sait pas encore qu'elle est séropositive.

Je ne peux vous raconter comment maman a surmonté le choc, les jours suivants. Encore maintenant, après toutes ces années, elle a du mal à en parler. Elle m'a confié qu'elle avait appelé sa mère et longuement pleuré au téléphone. Elle m'a aussi dit que sa sœur était venue du Wisconsin et qu'elle avait sangloté sur son épaule. Elle m'a enfin raconté qu'elle avait téléphoné à mon père, le seul qui avait pu lui transmettre le virus, et que, en larmes, elle l'avait incité à se faire dépister.

Surtout, maman m'a révélé qu'elle était terrifiée à l'idée de mourir et de me laisser orpheline. Je n'avais que deux ans et demi à cette époque.

Aussitôt après, une autre pensée lui est venue. Les mères peuvent transmettre le VIH à leur bébé durant leur grossesse ou à la naissance… Et si… ? Non ! C'était impossible !

Maman a essayé de se rassurer. Je ne pouvais être séropositive. N'étais-je pas bien portante et pleine de vie ? Ne grandissais-je pas normalement ? Je n'avais qu'un seul problème de santé : des otites à répétition.

Mais tout de même... Le doute subsistait et tourmentait maman. Et si, moi aussi j'étais séropositive ?

Au milieu de l'été, un peu avant mes trois ans, maman m'a conduite chez le pédiatre. Elle m'a tenue dans ses bras pendant qu'un technicien de laboratoire prenait du sang à mon petit bras potelé. Deux semaines plus tard, elle a téléphoné au cabinet du pédiatre pour avoir les résultats. Le médecin lui a annoncé, sans détours, que moi aussi j'étais séropositive. Maman s'est effondrée dans un fauteuil et s'est mise à trembler.

Sa fille, son bébé aux bonnes joues et si câline, était porteuse d'un virus responsable d'une maladie qui avait déjà tué des dizaines de millions de personnes dans le monde. Et pour laquelle il n'existait pas de traitement curatif.

Cet après-midi-là, maman m'a mise devant la fenêtre comme à son habitude et j'ai crié de joie, comme d'habitude, au passage des cars jaunes. Elle m'a embrassée sur le front et m'a serrée bien fort dans ses bras, essayant de contenir des larmes qui cependant coulaient inlassablement. C'est la vue des cars jaunes qui avaient déclenché ses pleurs, m'a-t-elle ensuite révélé. Elle se demandait en effet si un jour moi aussi je monterais dans l'un d'eux pour aller à l'école.

Mon troisième anniversaire.
Maman avait appris que j'étais séropositive
quelques semaines plus tôt seulement.

Clarkstown : me voilà !

2006 a été une année importante.
J'étais si contente à l'idée d'entrer au collège.
Bientôt, je vais découvrir que je suis séropositive.

Le jour de ma rentrée en sixième, j'étais folle de joie mais maman était sur les nerfs.

— Dépêche-toi ! Vite, Paige ! m'a-t-elle crié de la cuisine.

Maman parle fort quand elle stresse. Et ce matin-là, elle a crié tellement fort que je me suis crispée dans la salle de bains où justement je me préparais.

— Sans petit déjeuner, tu ne tiendras pas le coup ! a-t-elle repris.

J'ai levé les yeux au ciel en prenant mon reflet à témoin. J'avais largement le temps de prendre mon petit déjeuner. Mais je connaissais ma mère : une maman poule plus vraie que nature.

Maman avait été présente à chaque instant de ma scolarité à l'école primaire : elle accompagnait invariablement mes sorties scolaires, était toujours assise au premier rang, lorsque nous donnions des petits spectacles. Elle était de ces parents d'élèves qui organisent les fêtes de fin d'année, distribuent des cupcakes et servent des gobelets de jus de pomme, tendent des serviettes en papier avec un minibrownie ou des chips. Chaque année pour Halloween, maman offrait à mes camarades de classe une citrouille décorée et un sachet en plastique rempli de jouets et de sucreries.

En bref, maman était plus rassurée quand elle me sentait près d'elle. Littéralement, à son côté. Mais ce jour-là, on franchissait une grande étape, et maman était dans tous ses états…

— Pas la peine d'angoisser ! ai-je répondu de la salle de bains, tu es allée à Clarkstown, alors tu sais que c'est un super-collège !

— Bien sûr, Paige, a-t-elle répliqué. Mais les temps ont changé, le monde est devenu fou.

— T'inquiète. Ton ancienne prof de gym est toujours à Clarkstown ! C'est même l'une des conseillères d'éducation, donc je vais souvent la rencontrer !

Dans la cuisine, j'ai entendu un tiroir s'ouvrir, se refermer, puis le bruit de l'eau qui coulait.

— J'espère bien que non ! s'est écriée maman. De nos jours, ce sont les élèves indisciplinés qui sont envoyés chez les conseillers d'éducation, car ils n'ont pas de temps à perdre avec les bons élèves.

J'ai secoué la tête. Parfois, les raisonnements de maman m'échappaient.

— T'inquiète, je te dis ! Je ne serai pas loin : le collège est à quelques rues de chez nous ! Je suis sûre que si tu jetais une pierre, tu l'atteindrais.

— Quelle drôle d'idée, franchement, Paige !

Sur ces mots, maman est entrée dans la salle de bains et, d'autorité, m'a tendu un verre de complément alimentaire[1], qu'elle me servait chaque matin depuis tellement longtemps que je ne m'en souvenais plus.

— Tiens, bois.

J'ai posé ma brosse à cheveux et bu consciencieusement. C'était bien le moins que je puisse faire pour la rassurer. Si je ne prenais pas un petit déjeuner copieux sous la forme de ce breuvage avant mon médicament et mon bol de

1. Essentiels du déjeuner Carnation (Nestlé) est un petit déjeuner instantané constitué de protéines, calcium, vitamine D, fer et vitamine C à mélanger avec du lait.

céréales, maman était dans tous ses états pour le reste de la matinée.

Maman. Toujours nerveuse. Surtout ce matin. Elle a reculé et m'a regardée de la tête aux pieds.

— Tu es vraiment mignonne, a-t-elle déclaré, d'une voix apaisée soudain. J'aime bien ce short.

— Hourra, plus d'uniforme ! me suis-je alors exclamée.

— Hourra, plus d'uniforme..., a répété maman, avec un peu moins d'enthousiasme.

— Vive les Wildcats[1] !

— Oui, oui vive les Wildcats, a renchéri maman avec un soupir.

Puis elle a secoué la tête.

— Je suis contente que tu sois aussi heureuse d'entrer en sixième.

J'ai bu une autre grande gorgée de ma mixture puis j'ai posé le bol pour effectuer quelques mouvements de base de cheerleader[2] : T, ou bras en croix, demi-T, les bras repliés contre la poitrine, et enfin les deux bras tendus vers le ciel et poings serrés, paumes tournées vers le public.

— *Wildcats, go go go !*[3] me suis-je écriée.

---

1. Wildcats : nom de l'équipe de pom-pom girls de Clarkstown.
2. Ou pom-pom girl.
3. Cri de ralliement des pom-pom girls de Clarkstown.

Et hop, j'ai terminé par les bras levés en l'air à 45 degrés. Il y avait une équipe de cheerleaders à Clarkstown. Je ne pouvais en faire partie que l'année prochaine, mais je m'exerçais déjà. Je m'étais promis de connaître tous les mouvements, figures et acrobaties avant la fin de ma sixième !

— Magnifique, ma puce, a conclu maman. Maintenant, ton médicament.

Je l'ai suivie en sautillant dans la cuisine. Maintenant que j'étais plus grande, je ne prenais plus de poudre diluée, mais des comprimés. J'ai brandi l'un d'eux. Il était énorme, de la taille d'une pièce.

— Regarde-moi ça. À ton avis, combien de personnes de mon âge sont capables d'avaler un truc pareil ?

Je le montrais à maman comme si elle ne l'avait jamais vu alors que, chaque matin depuis neuf ans, le même rituel se renouvelait.

— Si je peux ingurgiter cette horreur, je te jure que le collège, ça passera comme une lettre à la poste !

Maman m'a bien observée pour s'assurer que je l'avalais conformément à ses désirs. Et quand j'ai ouvert tout grand la bouche pour le lui prouver, elle a enfin souri.

— Oui, Paige. Je le sais.

L'explication la plus courte possible sur le VIH

(et pourquoi maman est plus géniale qu'un mauvais génie)

Quoi qu'il en soit, c'est grâce à ces médicaments si je suis toujours en vie. J'ai eu beaucoup de chance. Trèfle à quatre feuilles, fer à cheval et patte de lapin, etc., vous connaissez la chanson. Pour une raison : un an pile avant que l'on découvre ma séropositivité, le premier de ces médicaments est arrivé sur le marché.

Si je n'avais pas eu autant de chance, si j'étais née quelques années plus tôt, je ne serais plus de ce monde. Je ne veux pas faire de mélodrame, loin de là ! Je ne veux pas non plus attirer votre attention avec une figure de style que mon professeur d'anglais appellerait « hyperbole », autrement dit, exagération.

J'exprime seulement un fait.

Le VIH, ou virus de l'immunodéficience humaine, est un virus. Les virus, c'est bizarre : on pense que ce sont des organismes vivants, or ça ne vit pas. Enfin, pas vraiment. Les virus ne peuvent grandir ou se reproduire, mais une fois qu'ils envahissent des cellules vivantes, ils se comportent *comme* des organismes vivants. Ils prennent le contrôle des cellules et en détournent le métabolisme à leur profit pour se reproduire. D'une certaine façon, on peut dire que les virus empruntent du vivant, ou le volent.

Si vous avez été infecté par une bactérie – les bactéries, à la différence des virus, sont des organismes vivants –, il vous est possible de prendre des antibiotiques afin de la tuer. Mais si vous avez été infecté par un virus – le virus de la grippe, du rhume ou encore du VIH, il n'y a aucun moyen de le tuer, parce qu'un virus n'a jamais été un organisme vivant.

Pour lutter contre la plupart des virus, notre corps produit les moyens nécessaires pour les combattre. Plusieurs types de cellules (dont les leucocytes, ou globules blancs) sont constamment aux aguets afin de repérer les virus et autres agents infectieux – parasites, bactéries – et protéger l'organisme. Imaginez, à titre de comparaison, des policiers de proximité qui patrouillent régulièrement et sont sans cesse sur le qui-vive. De la même façon, si ces cellules détectent dans notre corps des éléments qui y sont étrangers – virus, bactéries, champignons ou parasites –, elles réagissent immédiatement, et se rassemblent pour former une armée miniature et combattre l'intrus. Parfois, elles produisent des anticorps qui neutralisent l'infection. D'autres fois, elles essaiment et dévorent l'infection comme une meute de chiens affamés. Ces cellules qui combattent les agents infectieux ou, pour reprendre notre comparaison, ces policiers susceptibles d'identifier et de détruire un intrus constituent le système immunitaire. Et c'est grâce à ce mécanisme de défense naturel de l'organisme que vous réussissez à guérir de la grippe ou d'un rhume.

Cette guerre se déroule à l'intérieur de votre corps, à tout moment, constamment et tout au long de votre existence. Même à l'instant précis où vous lisez ces lignes, votre organisme est bombardé par des agents infectieux que votre système immunitaire combat inlassablement. Vous n'en avez pas conscience ? Et pourtant, c'est la stricte vérité. La plupart du temps, le système immunitaire fonctionne merveilleusement bien.

Mais le VIH est le mauvais génie des virus. Il utilise le système immunitaire à ses propres fins. Il ressemble à une sphère hérissée de soixante-douze pointes appelées aussi *spikes*. Imaginez une bogue de châtaigne qui s'accrocherait à votre pull-over lors d'une balade dans les bois par une belle journée d'automne. Ou la boule hérissée de piquants du fléau médiéval. Le VIH en est une version miniature. Il a un diamètre d'environ 100 à 110 nanomètres : c'est si petit que l'on ne peut le voir, même avec la plupart des microscopes. Mais si petit soit-il, il est très puissant.

Le VIH s'attaque à un type particulier de globule blanc : le lymphocyte T4. Lorsqu'il a introduit son programme dans un lymphocyte T4, celui-ci se met à travailler pour le compte du virus. Le mauvais génie VIH transforme le lymphocyte, jusque-là vaillant défenseur de l'organisme, en ennemi, en une mini-usine à fabriquer de nouvelles copies ou répliques du VIH avant de mourir d'épuisement.

Le VIH se répand alors rapidement dans l'organisme en envahissant, infectant et détruisant les lymphocytes T4 les uns après les autres. En conclusion, le système immunitaire s'affaiblit peu à peu.

En moyenne, une personne en bonne santé compte entre 500 et 1 500 lymphocytes T4 par mm^3 (c'est-à-dire par unité de sang), mais la plupart des individus infectés par le VIH en ont moins. Avec un taux de $500/mm^3$ ou plus de lymphocytes T4, le taux d'un séropositif est normal. Si son taux de T4 tombe en dessous de $200/mm^3$, il y a un déficit immunitaire réel ; il n'est plus capable de lutter efficacement contre les infections et développe de graves maladies. La personne a alors le sida, ou syndrome d'immunodéficience acquise, qui est le dernier stade de l'infection par le VIH.

Un « syndrome » est un ensemble de symptômes et de troubles provoqués par le virus. Le *I* et le *D* désignent quant à eux « immunodéficience » : cela signifie que le virus attaque les défenses naturelles (ou immunitaires) et les rend insuffisantes. *A*, signifie « acquise », parce que l'immunodéficience, provoquée par le virus, apparaît au cours de l'existence.

En d'autres termes, le VIH détruit les cellules destinées à vous maintenir en bonne santé. Ce virus affaiblit votre système immunitaire à tel point que votre organisme, votre système immunitaire n'ont plus la possibilité de se défendre contre les agents infectieux. Par conséquent, vous risquez d'être atteint par des infections et des maladies auxquelles les personnes non contaminées pensent rarement.

À propos, connaissez-vous le pire du mauvais génie VIH ? Un individu peut être infecté depuis des années, voire des décennies, sans montrer de symptômes. Il ne sent, ne perçoit ni ne remarque rien, si bien qu'un toxicomane, par exemple, n'hésite pas à partager sa seringue. Ou un homme ou une femme à avoir des relations sexuelles sans penser à se protéger avec un préservatif. Mon père par exemple. Ou une mère, comme la mienne, à tomber enceinte sans savoir qu'elle est porteuse d'un virus qu'elle peut transmettre, par son sang, *in utero*, à son bébé. Ce qui explique pourquoi le VIH se diffuse sans cesse.

J'aurais pu avoir moins de chance. Si j'étais née quelques années plus tôt, voilà ce qui se serait passé. Mes lymphocytes T4 auraient répliqué de plus en plus le VIH, lequel aurait envahi d'autres cellules. Celles-ci en auraient à leur tour répliqué davantage. Au début, je me serais sentie bien. Puis j'aurais souffert d'infections bizarres qui épargnent habituellement les individus en bonne santé : méningite, pneumonie, tuberculose, candidoses, bronchite, rétinite à CMV (c'est-à-dire à cytomégalovirus), lymphome, toxoplasmose, encéphalopathie, œsophagite, sarcome de Kaposi. J'aurais pu toutes les avoir, ainsi que d'autres infections aussi terribles que le nom qu'elles portent. Et l'une d'elles m'aurait tuée.

Mais les médicaments anti-VIH que je prends chaque matin l'empêchent de se répliquer et d'infecter les cellules de mon corps. Si le VIH transforme mes cellules saines en mini-usine à VIH, ces médicaments stoppent, à la base, la chaîne de production de l'usine. Prends ça dans les dents, mauvais génie !

Une fois que le VIH est dans votre organisme, il y est pour toujours. Mais les médicaments, en cessant de faire tourner l'usine et sa chaîne de production, vous permettent de vivre avec le VIH pendant longtemps et vous promettent un pronostic plus favorable.

Je suis bien placée pour vous dire que ce traitement représente un défi de tous les instants. Le VIH peut en effet résister aux médicaments et, dans ce cas, vous devez en prendre plusieurs simultanément. De plus, ils doivent être pris chaque jour, à la même heure. Sans la moindre exception. C'est pourquoi ma mère était toujours aussi vigilante pour que je prenne mes « pas bons ». C'est pourquoi elle ne me quittait pas des yeux jusqu'à ce que je les aie avalés.

Suivre un tel traitement, ce n'est pas la joie. Car les médicaments ont en plus des effets secondaires assez désagréables. Ils provoquent des vertiges et fatiguent (je suis souvent fatiguée). Ils causent parfois une hyperpigmentation, des éruptions cutanées et d'autres problèmes de peau, ainsi que des douleurs continuelles à l'estomac (je n'ai pas de problèmes de peau, mais tous les jours, j'ai mal à l'estomac). J'ai lu dans la notice que, parfois, les patients pouvaient avoir des problèmes de sommeil, ou de dépression. Voire souffrir d'hallucinations. Quand le mot m'est tombé sous les yeux, je le voyais pour la première fois. *Hallucinations*. J'ai été soulagée de n'en avoir jamais eu parce que, franchement, l'idée de voir des *choses qui n'existent pas* semble terrible.

Quoi qu'il en soit, les personnes séropositives qui suivent ce traitement sont vivantes. Moi, je suis vivante.

Si j'ai survécu jusqu'à l'âge de trois ans sans médicaments, c'est parce que j'ai eu beaucoup de chance. Mais depuis que j'ai été diagnostiquée séropositive, je suis restée vivante grâce à une série de découvertes médicales absolument étonnantes dues à la compréhension fulgurante, de la part des scientifiques, du mécanisme de l'infection par le VIH. Mais aussi, grâce à l'extrême vigilance de ma mère, qui n'a jamais oublié mon traitement, m'a tenue à l'œil pendant que je le prenais, l'air plus soucieux que tous les parents du monde réunis. Son inquiétude, son anxiété, son implacabilité et sa détermination à me protéger : voilà ce qui, littéralement, m'a sauvé la vie. Je vous le dis : face à ma mère, un mauvais génie a perdu d'avance.

Clarkstown

Ici, nous t'acceptons tel que tu es,
mais quand tu nous quitteras, tu seras différent.

J'ai adoré Clarkstown Middle School sitôt que j'en ai franchi les portes vitrées. Le bâtiment n'était que bruit et agitation. Les élèves s'interpellaient dans les couloirs à grand renfort de signes et d'éclats de rire. Des plafonds, flottaient des drapeaux de toutes les couleurs et de tous les pays. Partout autour de moi, des élèves illustraient la diversité culturelle et ethnique. Queue-de-cheval blonde, tresses africaines et foulards de soie musulmans à égalité... C'était incroyable, la tête me tournait !

J'ai resserré les bretelles de mon sac à dos, rempli de cahiers et classeurs. Puis j'ai levé le menton et pris la direction des casiers des classes de sixième. Que de casiers ! Incroyable ! C'est bête à dire, mais j'adorais les casiers ! J'aimais l'idée d'en posséder un rien qu'à moi, j'aimais leur son métallique lorsqu'on les refermait, j'en aimais ma déco perso – photos de mes amies et découpages dans les magazines.

Il y avait déjà tant de choses que j'aimais à Clarkstown. Par exemple, le terrain de football derrière le collège avec son tableau d'affichage sportif géant. Il était bordé d'une vraie piste d'athlétisme avec plusieurs couloirs tracés par des lignes blanches ! Cette année-là, j'envisageais de faire de la course de vitesse, car c'était l'un des rares sports accessible aux élèves de sixième. Mais l'année suivante, je comptais être présente sur cette même piste en tant que pom-pom girls. Je me voyais déjà agiter mes pompons vers les tribunes et gradins en profilé métallique lorsque l'équipe de football offrirait son spectacle habituel de collision et de plaquage. J'avais toutes les qualités pour devenir une super-cheerleader, je n'en doutais pas une seconde ! Ne me répétait-on pas sans cesse que j'étais une vraie boule d'énergie et que mon dynamisme était *contagieux* (oui, vous avez bien lu, c'est le verbe que parfois l'on employait pour me qualifier !) J'adorais partager mon enthousiasme et mon *énergie contagieuse*. Enfin, j'étais assez petite et légère pour que l'on puisse me jucher au sommet de la pyramide des pom-pom girls. Ces qualités nécessaires et indispensables m'aideraient le jour où je postulerais !

À Clarkstown, j'aimais aussi les courts de tennis et, devant le gymnase, la vitrine remplie de trophées. J'aimais qu'on y propose plus d'activités sportives que je ne pourrais jamais en pratiquer. J'aimais qu'il y ait des fêtes où l'on danserait, et surtout ces fameux *lock-ins*, mégafêtes d'une nuit organisées au sein du collège lui-même ! J'adorais aussi voir autant de nouveaux visages. Les élèves de plusieurs écoles primaires des environs convergeaient systématiquement à Clarkstown, j'étais donc entourée d'inconnus. De futures rencontres en perspective. Car chacun de ces élèves était un ami potentiel.

Le jour de la rentrée, toutes les sixièmes (on était vraiment nombreux !) ont été rassemblées dans l'auditorium. Une femme de petite taille avec des cheveux très blancs se tenait sur l'estrade. Dans son tailleur ajusté de forme géométrique, elle m'évoquait un personnage de Lego – large et carrée. Elle se déplaçait, prudemment, sur ses talons hauts. Elle nous a adressé un immense sourire, et nous (nous devions être environ trois cents) et nous avons souri aussi.

— Bienvenue à vous ! Je suis Norma Fischer et je suis très fière d'être le principal de Clarkstown Middle School !

Derrière moi, un murmure s'est élevé.

— C'est marrant, on dirait un marshmallow.

Les élèves les plus proches se sont mis à pouffer. Je les ai imités.

Mais à quelques rangées devant moi, une fille distraite par notre hilarité s'est retournée d'un coup. J'ai remarqué ses cheveux et ses yeux de la couleur du Coca-Cola. Elle a fusillé du regard le garçon qui venait de parler pour aussitôt reporter son attention sur Miss Fisher, nous offrant la vue de son dos bien droit. J'ai cessé de rire net et me suis redressée aussi. Cette fille, à sa façon, venait de me rappeler à l'ordre. Je n'avais jamais eu de problèmes de discipline en primaire et je ne voulais pas en avoir au collège, de surcroît, dès le jour de la rentrée.

Si Miss Fischer « très fière d'être le principal de Clarkstown Middle School » nous a entendus rire, elle n'en a rien laissé paraître.

— *Ici, nous t'acceptons tel que tu es, mais quand tu nous quitteras, tu seras différent.* Voilà les premiers mots que j'aimerais vous adresser, en guise de bienvenue à Clarkstown.

Puis Mme le principal nous a longuement parlé du règlement intérieur, des exigences sur le plan scolaire et celui du comportement – les félicitations et les privilèges allaient de pair avec l'exemplarité. Elle nous a expliqué que l'entrée au collège représentait un vrai défi tout en nous promettant plus de joies que nous ne pouvions l'imaginer. Enfin, elle a annoncé que l'année de sixième nous ouvrirait de nouveaux horizons.

Tandis qu'elle discourait, j'ai regardé autour de moi les visages. Au bout d'un moment, je n'ai plus du tout écouté Miss Fischer. Comment prêter attention à ce discours purement administratif alors que j'avais une telle impatience, une telle envie de faire la connaissance de mes nouveaux camarades ? J'ai observé ces filles et ces garçons, si différents et si contrastés.

Quand on rentre en sixième, on a onze ou douze ans. C'est l'âge des devenirs. De l'entre-deux. J'en avais la preuve sous les yeux. Certains étaient petits, minces et portaient des vêtements plus pratiques et colorés que branchés mode ; ils évoquaient encore l'enfance et l'école primaire. D'autres, en revanche, ressemblaient déjà à des adolescents.

Quand on quitterait Clarkstown, on serait tous à égalité, on serait des ados.

Ici, nous t'acceptons tel que tu es, mais quand tu nous quitteras, tu seras différent.

Mon regard est de nouveau tombé sur la fille aux yeux foncés. Elle avait un je-ne-sais-quoi d'indéfinissable qui m'attirait et me plaisait. Elle semblait vive, fiable et douée d'une intelligence pragmatique. J'avais également remarqué une intensité au fond de ses prunelles. C'était le genre de fille déterminée qui saurait s'émanciper vite et bien de l'enfance. J'ai décidé de m'en faire une amie.

Pour finir, Miss Fischer a présenté le personnel de l'administration scolaire aux élèves et nous a indiqué à qui nous adresser en cas de problème : les enseignants et les conseillers d'éducation étaient présents pour nous écouter. Enfin, après un grand sourire, elle nous a envoyés en classe.

Nous sommes sortis de l'auditorium en un flot ininterrompu, dans l'agitation, les rires et les bavardages, un mélange bariolé de jeans, sweats à capuche et T-shirts de l'équipe de basket des Pacers de l'Indiana.

On est allés en cours. On a appris comment nous rendre au gymnase, dans la salle de concert et à la bibliothèque. J'avais plus de cahiers que je n'en avais jamais eus avant... Salles de laboratoire, fiches de lectures tapées sur ordi et équations d'algèbre, Miss Fischer avait eu raison : le collège, quel programme, quel défi !

À l'interclasse, j'ai de nouveau remarqué la fille aux cheveux noirs. Elle portait un étui. Contenant un violon peut-être ? Elle a dû sentir mon regard, car elle a levé les yeux vers moi. Je lui ai aussitôt souri. Elle m'a dévisagée avec curiosité avant de m'adresser un demi-sourire.

C'était génial. C'était comme si je découvrais, comme si nous découvrions tous un nouveau monde ! Eh oui ! Rien n'était plus simple, à cette époque : j'avais douze ans, je n'étais plus une enfant, je n'étais pas encore une adolescente et tout était encore possible.

Le prospectus

Vous savez ce qu'on dit : rien n'arrive jamais par hasard. J'en suis convaincue. Un beau jour, sans explication, la vie vous fait un cadeau à l'improviste. Au premier abord, ça ne ressemble pas du tout à un cadeau. Quoi qu'il en soit, vous l'acceptez parce que, de toute façon, vous n'avez pas le choix : c'est la vie ! Vous pensez : « Chiche ! » et vous relevez le défi.

Ensuite, des années plus tard, quand vous remontez le temps, vous vous rendez compte que cet instant-là a été de ceux qui ont bouleversé votre existence et lui ont fait prendre un cours inattendu. À l'époque, cependant, vous n'en aviez pas conscience.

Prenez, par exemple, l'histoire de l'homme qui a raté son train. C'est rageant sur le coup ! Puis il se rend compte qu'il avait oublié son portefeuille dans sa voiture garée sur le parking de la gare et que, de plus, il avait oublié d'en éteindre les phares. Mieux : il va nouer la conversation avec une femme en attendant le train suivant. Ils tombent amoureux, se marient et, cinquante ans plus tard, fêtent leurs noces d'or avec leurs trois enfants et leurs huit petits-enfants. Vous voyez ce que je veux dire ?

En ce qui me concerne, la raison pour laquelle je sais m'exprimer en public, sans timidité et avec la plus grande conviction remonte à mon enfance, précisément au jour où, entrant dans la cuisine, j'ai remarqué un prospectus publicitaire. J'avais huit ans et ce prospectus tout en couleur sur la pile de factures et de courrier a changé ma vie. Dessus, il y avait la photo d'une fillette vêtue d'une robe à paillettes et coiffée d'une couronne étincelante. Ma curiosité éveillée, j'ai pris le prospectus et constaté que c'était une invitation à participer à un concours de Miss. Et cette invitation m'était adressée. À moi !

J'ai cru que mon cœur allait exploser. D'aussi loin que je me souvienne, j'aimais regarder, avec maman, les émissions consacrées aux concours de Miss à la télévision. J'enviais ces reines de beauté qui défilaient, agitaient gracieusement la main à l'attention du public comme si elles étaient princesses dans la vie de tous les jours. J'adorais les imiter en me déguisant avec les foulards de maman. Et voilà que, tout à coup, on m'offrait, *à moi*, la chance de participer à un vrai concours de Miss !

Avec le recul, j'ai conscience que ce prospectus était envoyé à toutes les fillettes de mon âge vivant dans l'Indiana. Mais à l'époque, je ne le comprenais pas, je ne savais pas. Je pensais sincèrement que *moi* j'avais été sélectionnée.

Je me suis précipitée dans la chambre de maman en agitant le prospectus.

— S'il te plaît, maman ! me suis-je écriée, hors d'haleine. Oh s'il te plaît, s'il te plaît !

J'étais convaincue que maman accepterait, car elle n'était pas comme les autres mères qui, en général, refusaient toute réclamation de leur enfant. « Non, tu n'auras pas de cookies pour ton goûter ! Non, je ne peux pas te conduire au parc maintenant ! Non, je n'ai pas le temps de jouer au client dans ton restaurant pour de faux. »

Mais maman était différente. Maman acceptait toujours. Elle disait : « Oui » pour les cookies. « Oui » pour le parc. « Oui » pour être client dans le restaurant pour de faux et jouait même si bien le jeu qu'elle disait : « Oh oui, bien sûr, j'aimerais une autre assiette de spaghettis. » C'était la raison pour laquelle toutes mes amies l'adoraient et venaient volontiers jouer à la maison. Voilà pourquoi j'étais certaine que maman accepterait que je participe à un concours de Miss.

Étonnamment, cependant, elle a froncé les sourcils. Elle a ensuite parcouru le prospectus en silence, comme si elle étudiait un problème difficile. Puis elle me l'a rendu et a secoué la tête.

— Je ne sais pas, chérie.

Incrédule, j'ai regardé attentivement le prospectus. La chevelure de la fillette couronnée Miss retombait en cascade sur ses épaules, sa robe bouffante évoquait le plus doux, le plus léger des nuages. Elle semblait confiante et heureuse. Je ne comprenais pas pourquoi maman me refusait cette joie.

— Maman, s'il te plaît...

— Écoute, Paige, a-t-elle dit en regardant en l'air, c'est compliqué.

— Il n'y a rien de compliqué ! Je vais gagner, c'est tout.

J'en étais certaine. Maman a répondu avec un temps de retard.

— Je vais réfléchir. On verra.

Je ne sais pas comment maman a pu y réfléchir à tête reposée parce que je n'ai cessé de la harceler. Au cours de la soirée.

— Je peux participer au concours des Miss ?

Pendant le petit déjeuner, le lendemain.

— Alors ?

De nouveau en route pour l'école.

— Tu veux bien ?

Et puis en fin d'après-midi.

— J'ai vu plein de concours de Miss à la télévision. Je sais que les filles gagnent de l'argent, et c'est bien pour payer l'université plus tard.

Maman parlait parfois d'argent. Serveuse dans un bar de l'American Legion[1], elle avait un petit salaire.

— On a de l'argent pour mes études plus tard ?

Elle m'a répondu avec calme.

— Non, Paige. Pas encore.

Avant d'aller me coucher, j'ai de nouveau insisté.

— Oprah Winfrey a participé à des concours de Miss, regarde-la maintenant !

Maman aimait bien Oprah Winter. Elle m'a embrassée.

— On verra Paige. Je vais y réfléchir.

Maman a donc réfléchi. Il ne s'agissait pas seulement de déterminer si elle allait accepter ou non, l'affaire était plus complexe. Que se passerait-il si l'on découvrait que j'étais séropositive ? Me permettrait-on de participer à un concours de Miss ? Si j'y prenais part et que l'on me rejette ? Ne serait-ce pas plus cruel que son refus ?

---

1. Association d'anciens combattants et vétérans de l'armée des États-Unis dont le siège est à Indianapolis.

En même temps, maman se posait d'autres questions. Pourquoi une fillette séropositive n'aurait-elle pas la possibilité de se présenter à un concours de Miss ? Après tout, rien ne l'en empêchait ? Où était le problème ?

— Maman, je peux ? Je peux, s'il te plaît ? ai-je demandé le lendemain matin.

Maman a soupiré.

— C'est d'accord.

Puis elle a baissé les paupières et a secoué la tête. Elle se demandait sans doute dans quoi on s'engageait. Quand elle a rouvert les yeux, je me suis jetée dans ses bras. Je l'ai serrée contre moi.

— Oh merci, maman ! Merci ! merci.

— Tu es si jeune, a-t-elle murmuré tellement bas que je me suis demandé si c'était à moi qu'elle s'adressait. Le monde est compliqué, et tu es encore bien jeune...

— Ne te fais pas de souci ! ai-je affirmé, tout contre son épaule. Je vais gagner, c'est juré, et ils m'aimeront tous !

Elle m'a serrée fort dans ses bras et m'a chuchoté à l'oreille.

— Oui, ils t'adoreront Paige. Je n'en doute pas une seconde.

Maman disait toujours oui à tout,
même à Disneyland.
Sur cette photo, j'y fête mes sept ans
avec Donald et tous les autres.

Bain de soleil sur Myrtle Beach,
en Caroline du Sud, avec maman.

Clarkstown : Yasmine

Vous vous souvenez de la fille que j'avais repérée dans l'auditorium, le jour de ma rentrée en sixième ? J'ai fait sa connaissance à la cafète, à l'heure du déjeuner. Elle s'appelait Yasmine.

— C'est quoi, ce que tu joues ? lui ai-je demandé en ouvrant un paquet de chips.

— Du soccer, m'a-t-elle répondu.

J'ai ri et lui ai tendu mon paquet de chips.

— Non, ce n'est pas ma question. Tout à l'heure, j'ai vu que tu portais un étui avec un instrument de musique. C'est un violon ?

— Une viole. C'est un peu pareil. Je joue aussi du piano. Et toi, tu joues d'un instrument ?

— Non, mais j'aime chanter.

Elle a acquiescé.

— Et j'aime aussi le soccer, ai-je ajouté.

Elle a ri.

— Cool !

Notre amitié a débuté ainsi, avec simplicité. Il a suffi de quelques jours pour que l'on déjeune ensemble, on se passe des petits mots en se croisant dans le couloir. Au bout de quelques semaines, Yasmine est devenue une amie comme je n'en avais jamais eu : ma meilleure amie.

Bientôt, j'ai connu par cœur le trajet de trois kilomètres qui séparait nos deux maisons. Maman, chaque fois, me conduisait chez elle. Aujourd'hui encore, plusieurs années plus tard, je pourrais retrouver le chemin pour me rendre chez elle les yeux fermés. *On longe les terrains d'entraînement de Little League sur West 73e et on tourne à droite sur Ditch Road. Sur la droite, Greenbriar Elementary School où allait Yasmine avant de rentrer à Clarkstown. Sur la gauche, l'église méthodiste unie Abundant Harvest et l'église baptiste Cross Bridge.* Une fois qu'on arrivait au carrefour, toujours très fréquenté de la 86e Rue, avec ses stations de lavage-auto, sa chaîne de pharmacie et droguerie, épiceries et le magasin de fournitures de bureau, les arbres devenaient plus nombreux et les maisons plus spacieuses.

Dans le quartier de Yasmine, les maisons avaient des systèmes d'alarme. Parfois, je voyais, par la vitre de la portière, des mères de famille branchées faire de la marche, seules ou avec leurs poussettes. Ou un couple âgé coiffé d'une visière marcher, main dans la main. C'était le quartier des golden retrievers et des plantes vertes disposées sur les marches des perrons, des enfants qui fréquentaient des clubs de tennis avec leurs raquettes posées avec décontraction sur l'épaule.

D'habitude, maman préférait que mes amis viennent jouer chez nous : « Ça me tranquillise de t'avoir sous les yeux, Paige », me répétait-elle. Mais le père de Yasmine était aussi strict que maman et comme le quartier de Yasmine était sûr, maman avait accepté de me déposer chez elle, à la condition expresse que je l'appelle à heures fixes.

Cette liberté inédite m'émerveillait.

Chez Yasmine, nous passions notre temps à buller. Parfois, on s'installait sur la balançoire en bois géante dans le parc à côté de chez elle. D'autres fois, on jouait au billard dans ce que sa famille appelait « la grande pièce », et qui était un espace immense et lumineux, voisin du salon. On se mettait à plat ventre et on parlait de sport, de spectacle musical et des couples qui, au collège, se formaient à la vitesse de l'éclair. Je m'intéressais aux garçons et j'aurais aimé avoir un petit ami, mais je trouvais les garçons de Clarkstown stupides et inintéressants.

On passait en revue les profils de nos amis sur Internet, on écoutait en boucle notre chanson préférée, *Boston* du groupe Augustana, et on l'entonnait en chœur, de toute la force de nos poumons : « *She said I think I'll go to Boston,*

I think I'll start a new life, I think I'll start it over, where no one knows my name[1]... »

Parfois aussi, on traînait avec sa sœur aînée, Lila, et Madison, sa meilleure amie. Les deux étaient en quatrième et partageaient avec nous leur expérience de collégienne : quels professeurs étaient sévères, lequel remarquerait que nous copiions l'une sur l'autre, ou piquerait sa crise si l'on rendait un devoir en retard.

J'aimais bien aller chez Yasmine. J'y étais comme chez moi, alors même que j'étais loin de chez moi.

Un jour d'automne, maman m'a déposée chez Yasmine. Cette dernière devait me guetter par la fenêtre parce qu'elle a jailli hors de la maison sitôt que la voiture s'est engagée devant chez elle. Yasmine avait les joues roses d'excitation.

— Paige ! s'est-elle exclamée, courant à ma rencontre. Oh Paige, tu sais quoi ?

Longtemps après, j'ai entendu dire que Yasmine était originaire d'une famille royale du Moyen-Orient en exil. Elle courait vers notre voiture pieds nus. Yasmine, c'était la simplicité incarnée. Maman a baissé sa vitre.

---

1. « Elle dit, je pense partir à Boston, Je pense commencer une nouvelle vie, Je pense tout recommencer, là où personne ne connaît mon nom... »

— Bonjour, Yasmine.

— Bonjour, madame Rawl, a répondu Yasmine en lui adressant un petit signe.

Elle sautillait. Elle ne pouvait contenir sa joie.

— Que se passe-t-il ? ai-je demandé. Qu'est-ce qu'il y a ?

— Paige ? m'a interrompue maman. On récapitule ?

— Oui : je t'appelle à 17 heures précises, ai-je récité comme chaque fois qu'elle me déposait.

J'ai croisé les yeux de Yasmine et on s'est souri. Yasmine savait que maman s'inquiétait pour un rien.

— Exactement ! a conclu maman. Juste pour vérifier que tout va bien. Bisous, chérie.

— Au revoir, maman !

Maman est repartie.

— Alors ! C'est quoi la grande nouvelle ! ai-je repris à l'intention de Yasmine.

Elle a fermé les poings et les a levés en l'air avec emportement.

— Papa accepte que Lila et moi, on organise une super grande fête au club de tennis, cet été ! C'est le plus topissime des clubs ! Pour nos anniversaires !

Je n'avais jamais mis les pieds dans le club que fréquentait Yasmine, mais quand je passais devant, je voyais des chandeliers géants par des fenêtres immenses qui s'étendaient sur deux étages. Un balcon surplombait une piscine et des jardinières.

— Sérieux ?

— C'est vrai, je te jure !

On a sautillé de joie.

— Sérieux ! Oh, j'ai hâte ! me suis-je exclamée.

Une fois que l'on est rentrées, nous nous sommes mises à plat ventre dans la grande pièce, et l'on a passé l'après-midi à imaginer sa fête. C'était dans six mois, quelle importance ? on n'avait que cela en tête. Il y aurait de la musique, un buffet et un bar à desserts, et on s'éclaterait dans la piscine. Il y aurait des garçons et des filles, des tables sous des parasols blanc et bleu dans les beaux jardins arborés. On boirait du soda, on porterait des toasts à tout ce que la vie avait de bon : Yasmine, Lila, leurs amis, l'été et grandir !

On a aussi cherché quelle serait la couleur dominante de la fête. On a discuté des avantages et des inconvénients des ballons et des serpentins, on a dressé la liste des invités jusqu'à la nuit tombée. Soudain, mon portable a sonné. C'était maman. J'avais oublié de lui téléphoner.

— Désolée ! ai-je dit d'emblée.

Ça m'était complètement sorti de la tête.

— Je me faisais du souci, a déclaré maman d'une voix tranchante.

Puis elle a ajouté, avec du soulagement dans sa voix.

— Je voulais juste m'assurer que tu allais bien.

— Mais enfin, qu'est-ce qui peut m'arriver ? Je suis chez Yasmine.

— Oui, je sais...

Maman a soupiré.

— Je me fais quand même du souci...

J'ai levé les yeux au ciel à l'adresse de Yasmine. Yasmine s'est penchée pour parler dans mon téléphone.

— Lila et moi, on va organiser notre fête d'anniversaire au club de tennis de mon quartier, madame Rawl.

— C'est magnifique.

— Bon, écoute, maman, maintenant tu sais que tout va bien, alors je raccroche.

J'ai regardé Yasmine.

— Ta fête, ce sera comme à la télé !

— Je sais. J'ai tellement hâte !

J'ai soupiré.

— Moi aussi. Si seulement c'était demain.

Papa

Vous vous posez peut-être des questions sur mon père ? Je vous comprends. Moi aussi, je me suis longtemps interrogée sur lui.

De lui, je n'ai qu'un seul souvenir, triste et désincarné. En mars 2001, j'ai eu six ans, et je terminais la maternelle. Trois ans s'étaient écoulés depuis le diagnostic de notre séropositivité. Nous n'avions pas revu mon père, depuis, et je n'avais gardé aucun souvenir de lui. À mes yeux, papa était un inconnu.

Ce jour-là, maman et moi étions au salon, nous regardions la télévision, quand nous avons reçu un appel de ses parents. Ils ont annoncé à maman que papa était hospitalisé en Georgie. Il souffrait d'une infection due au sida et ses jours étaient en danger. Par conséquent, si maman voulait que je le revoie une dernière fois, nous devions immédiatement nous rendre en Georgie.

Je n'étais encore qu'une petite fille, donc tout ce dont je me souviens, c'est de notre départ précipité au petit matin et de notre route jusqu'à la tombée de la nuit.

Maman a pris une photo de cette visite, sachant que ce serait la dernière fois que mon père et moi serions réunis. Au premier plan, moi à son chevet, fixant l'objectif. En arrière-plan, lui alité, la bouche entrouverte et les yeux clos. Entre nous, une poupée que j'avais emportée pour la lui offrir. Cet angelot coiffé d'une auréole serre entre ses bras un cadre en forme de cœur où se trouve une photo de moi. Curieux contraste : je souris sur la petite photo, sur la grande photo, j'ai l'air grave. C'est comme d'être témoin d'un ancien bonheur.

Ce jour-là, papa a essayé de me parler, et de parler à maman. Sa bouche s'ouvrait et se refermait, mais il n'en sortait qu'un râle. Puis des larmes ont jailli de ses yeux, ont roulé sur sa joue et ont taché le drap. Au bout d'un moment, il n'a plus bougé. J'ai compris qu'il s'était endormi.

Le lendemain matin, au réveil dans notre chambre d'hôtel, maman m'a annoncé que papa était mort au cours de la nuit.

Jamais, je ne saurai ce qu'il voulait nous dire.

Jamais, en vérité, je n'aurai compris mon père.

Papa et moi lors de mon premier anniversaire.

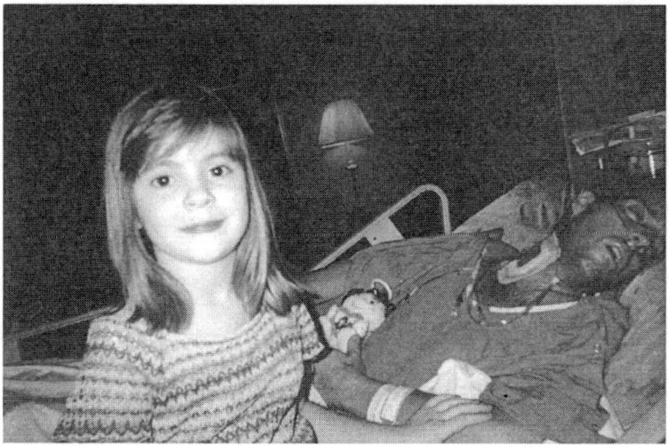

Mars 2001 : la dernière fois que j'ai vu mon père.
J'étais trop jeune pour comprendre la gravité de la situation.
Ou pourquoi papa était si malade.

Clarkstown : rire

Un jour, au collège, un garçon de ma classe a été insolent avec l'un de nos professeurs un peu avant la pause de midi. Miss Fischer a puni toute la classe et nous a imposé de déjeuner dans le silence le plus complet. On a donc sorti nos sandwiches de leur sachet et ouvert nos minibriques de lait sans un mot. Le déjeuner terminé, on s'est levés, on a quitté la cafétéria pour retourner, toujours en silence, en cours.

C'est alors que la fille devant moi s'est retournée. Elle m'a fait une grimace, joues gonflées et yeux écarquillés. On aurait dit un ballon de baudruche trop gonflé sur le point d'éclater et de s'envoler. C'était si saisissant que je me suis esclaffée. J'ai vite plaqué ma main sur la bouche, mais c'était trop tard, j'étais prise d'un fou rire et ne pouvais plus m'arrêter. Le surveillant m'a envoyée dans le bureau de Miss Fischer où la situation a tout de suite été moins drôle. Il y avait là d'autres élèves. Je n'étais donc pas la seule à avoir rompu le silence et enfreint l'interdiction.

Bras croisés, Miss Fischer nous a dévisagés avec sévérité. Gênés, on a baissé les yeux.

— Vous allez écrire une rédaction sur le sujet suivant : pour quelle raison ne devrais-je pas vous exclure du collège un jour ou plus. Si vous ne me la rendez pas demain, vous serez exclus.

J'ai rougi et fixé mes sneakers. J'avais prévu de me rendre chez Yasmine, ce soir et, dans ce but, j'avais terminé mes devoirs plus tôt. À cause de cette punition, mes projets tombaient à l'eau. Quand je l'ai annoncé à Yasmine, et que je lui ai expliqué que je devais rendre une rédaction demain, elle a ouvert de grands yeux.

— Sérieux ?

— Oui.

— Punie parce que tu as ri ?

— Oui...

J'étais contente et soulagée qu'elle ait l'air aussi choqué. Bien sûr, je m'en voulais d'avoir attiré les foudres de Miss Fischer, d'un autre côté, la réaction de Yasmine me rassurait. Avais-je vraiment été indisciplinée ? La punition n'était-elle pas démesurée par rapport à la faute ?

— Qu'est-ce que tu vas écrire ?

J'ai haussé les épaules.

— Aucune idée. Enfin si, que le rire n'est pas un motif d'exclusion.

Yasmina a souri.

— Moi, Miss Fischer, très fière d'être le principal de Clarkstown Middle School, je déclare solennellement que la joie est punie d'exclusion ! a-t-elle déclaré d'un air imperturbable.

J'ai souri. Yasmine avait le don de me remonter le moral.

— Moi, Miss Fischer, je suis très fière d'être le principal de Clarkstown Middle School où les élèves ne rient jamais ! a-t-elle continué. Toi tu ris, moi je te punis. À Clarkstown, nous préférons que nos élèves soient malheureux !

Tout à coup, je me suis sentie mieux. Depuis le déjeuner, j'étais contrariée de m'être fait remarquer. Et soudain, ce n'était plus important. La vie est bien plus légère, une fois que l'on a partagé son malheur avec sa meilleure amie. N'est-ce pas son rôle d'être la confidente de vos joies et de vos peines ?

J'aimerais expliquer pourquoi Yasmine et moi nous étions devenues si complices. À cause de notre complémentarité – ma sociabilité associée à son impétuosité, et mon optimisme, à sa sensibilité ? Si les rapports humains se réduisaient à une formule mathématique, ils ne seraient pas si tragiques et si compliqués.

Malheureusement, la réalité est toujours plus complexe. C'est difficile d'expliquer ce qui réunit deux individus. Moi, tout ce que je sais, c'est qu'au début de mon année de sixième, lorsque les portes des casiers ont claqué et que les élèves ont mis leurs portables dans leur poche avant de filer en cours de SVT, j'avais une amie comme jamais je n'en avais eu. Par conséquent, je n'avais besoin de personne d'autre. Parce que je lui faisais une confiance absolue.

Premier concours de Miss : « Sois toi-même »

La plupart des gens ont des concours de Miss une image essentiellement véhiculée par la télé-réalité qui n'a d'autre but que d'être divertissante. Des mères obstinées forcent leur petite fille à parader sur une scène avec un soutien-gorge bourré de coton et un postérieur rembourré. Ces pitoyables mères encouragent leur enfant à fumer de fausses cigarettes sur scène, et jettent dans la mêlée leur progéniture dans l'espoir de remporter un jour une victoire.

Évidemment, ces mères et leur ribambelle d'enfants sont choisies essentiellement pour l'audimat. Je le sais d'autant mieux que j'ai participé en personne à des concours de Miss pendant près de dix ans et que je n'y ai jamais vu une fillette vêtue comme Julia Roberts dans *Pretty Woman*.

Les concours de Miss allient selon moi quatre de mes passions : bien m'habiller, chanter et parler devant un public et, enfin, faire de nouvelles connaissances. Ces concours m'ont appris à réagir à chaud, à toutes sortes de situation, à être gracieuse malgré la pression, à encourager autrui et à penser en termes de solidarité, ou d'appartenance à une communauté.

Dès le premier jour, j'ai adoré ces concours de beauté et d'élégance.

Maman m'a inscrite au concours Sweetheart Pageant, ou Miss Sweetheart, vanté par le prospectus. Je n'ai rien regretté. J'ai aimé ma robe longue en satin et la coupe de cheveux que maman m'avait faite pour l'occasion (carré avec frange qu'elle avait exécutée dans la salle de bains, la veille au soir : c'était d'enfer).

Surtout, j'ai adoré être en coulisses avec les autres. J'y ai lié connaissance avec Annie. Annie Edge avait mon âge ; nous étions dans la même catégorie et étions concurrentes, mais cela ne nous a pas empêchées de sympathiser. Annie était une habituée des concours de Miss et elle m'a donc initiée aux secrets de ce nouveau monde fabuleux. Par exemple, tandis qu'on attendait en file indienne dans les coulisses avant de se présenter devant les juges pour répondre à leurs questions, j'ai remarqué que ces derniers donnaient une banane à certaines candidates.

— Pourquoi ? ai-je chuchoté à Annie.

— C'est censé être un téléphone. Il faut faire comme si tu prenais une communication, a-t-elle répondu sur le même ton. Parfois, les juges te demandent d'improviser une conversation.

— Mais avec qui ?

— Avec qui tu veux. Tu dois être très aimable et avoir l'air d'une grande personne, c'est tout.

La perspective d'avoir recours à mon imagination pour jouer le rôle d'un adulte m'a beaucoup plu. Si les juges me donnaient une banane, ai-je décidé, je jouerais à la candidate à un entretien d'embauche avec le docteur Cox pour un poste de pédiatre. Je m'y voyais déjà : « Oh oui, bien entendu, j'adore les enfants ! Absolument ! »

— Annie Edge, a appelé l'un des juges.

Annie a ouvert de grands yeux et levé les sourcils à mon attention en signe d'enthousiasme.

— Souhaite-moi bonne chance, Paige !

— Bonne chance, ai-je murmuré spontanément.

— À toi aussi, bonne chance !

Sur ces mots, elle m'a souri. Je sais qu'elle était sincère. Les juges ne m'ont pas donné de banane. En revanche, l'un d'eux m'a demandé si je préférais être une locomotive ou un wagon de queue.

— Locomotive ! ai-je répondu avec assurance.

Le juge m'a demandé pourquoi.

— Parce que je préfère être une meneuse qu'une suiveuse ! ai-je répondu.

J'ai été très, très fière de moi, car c'est difficile de répondre, et surtout, de bien répondre, à une question aussi inattendue. J'avais hâte de le raconter à Annie.

Je me suis fait une autre amie.

On répétait en prévision du défilé, et je pensais avoir bien compris le principe et la démarche. En gros, je devais paraître sur scène en jupette et chemisier blanc, tous les deux brodés de jolies fleurs bleues, puis me déplacer sur la musique pendant qu'une voix décrirait, au micro, ladite tenue. Concentrée sur ma performance à venir, je souriais, immobile et une main sur les hanches, convaincue que c'était la bonne attitude.

À cet instant, une fille d'une autre catégorie, elle était plus âgée, s'est approchée. Elle était grande, plus que maman et vraiment très belle avec de longs cheveux blonds, des lèvres pulpeuses et des yeux d'un bleu très pur.

— Tu as besoin d'une petite choré, m'a-t-elle annoncé.

Je l'ai dévisagée sans comprendre. Elle a souri.

— Une chorégraphie. Je vais te montrer.

Cette jolie fille, qui s'appelait Heather, m'a appris à marcher en rythme, à regarder par-dessus l'épaule puis à m'arrêter et à donner au public le temps d'admirer ma tenue.

— Il faut que tu aies l'air sûre de toi, a précisé Heather. L'assurance, c'est la clé, tu vois ? Mais il ne faut pas non plus que ça t'empêche de t'éclater ! Sois toi-même. Tout simplement !

J'ai écouté la musique avec attention, et j'ai marché en rythme. *Un pas, puis deux et trois.* Je me suis retournée et j'ai regardé derrière moi, comme Heather me l'avait indiqué, et après, à ma façon. La musique vibrait. *Et un et deux et trois.* J'ai posé ma main sur la hanche et adressé un petit signe au public. Heather m'a souri. Son regard bleu a étincelé comme deux saphirs.

— Magnifique ! Tu as une énergie très positive. Je suis sûre que tu vas très bien te débrouiller !

Et cette jolie fille qui aurait pu être un top-model, voire Miss Indiana, m'a serrée dans ses bras. C'était trop génial d'être là.

Le concours de Miss s'est déroulé dans les rires, la frénésie des changements de tenues et les questions inquiètes (« J'ai l'air de quoi là-dedans ? »). Les candidates chantaient au micro, dansaient en synchro et agitaient la main comme une reine, et avec enthousiasme. Moi comme les autres. À chaque instant, je sentais que je gagnais en confiance, j'avais l'impression de grandir par ma simple présence sur cette scène et parmi les autres filles.

C'était comme de toucher à un but, de me recréer, enfin je veux dire, de recréer une version plus amicale et séduisante de ma personne. Ah, si seulement j'avais pu arrêter le cours du temps... Mais les étapes se succédèrent jusqu'à la dernière, et soudain, j'ai compris qu'on touchait à la fin. Un peu avant que les noms des gagnants de notre catégorie ne soient révélés, Annie m'a chuchoté ces mots :

— Devine ce qu'il y a dans ma chaussure.

À ce moment-là, on attendait dans les coulisses, vêtues de nos robes à paillettes. On était prêtes à entrer sur scène pour la grande finale.

— Qu'est-ce qu'il y a dans ta chaussure ?

Drôle de question, ai-je pensé. *Mais qu'est-ce qu'elle peut bien avoir dedans précisément maintenant ?*

Les filles commençaient à entrer sur scène en file indienne. On allait enfin connaître le nom de la gagnante. Annie a retiré sa chaussure et en a sorti un petit morceau de papier. Elle y avait écrit ces mots : *La gagnante de la Catégorie Sweetheart 2003 est... Annie Edge.*

Je lui ai souri. Quelle bonne idée que d'écrire son souhait le plus ardent et de le garder sur soi comme un talisman dans l'espoir qu'il se réalise. J'aurais aimé avoir été aussi inspirée.

— *Vite !* a lancé l'un des organisateurs. C'est à vous !

Annie a replacé son morceau de papier dans sa chaussure qu'elle a remise. Sur ces entrefaites, nous sommes à notre tour entrées sur scène en souriant et en saluant public et juges de la main. La musique jouait très fort, dans le public, de nombreux spectateurs prenaient des photos. J'ai cherché maman des yeux et l'ai repérée au premier rang, à côté de la mère de Heather. Elle me souriait et semblait vraiment bien s'amuser. À l'évidence, elle ne regrettait pas d'avoir accepté que je participe à ce concours.

Lorsque les juges ont commencé à annoncer le palmarès, maman et la mère de Heather se sont redressées, tendues, dans l'attente et l'espoir. Maman a croisé les mains et les a pressées sur son front. La mère de Heather ne cessait de frotter les paumes sur ses cuisses. Toutes les deux avaient les yeux fermés comme si elles priaient.

J'étais contente que maman se soit aussi fait une amie. Je me réjouissais également que cette inconnue, la mère de Heather, espère si ardemment que je remporte moi aussi la victoire.

Les juges ont appelé la quatrième dauphine. Ce n'était ni moi ni Annie. J'ai croisé les yeux de ma nouvelle amie, et l'on s'est souri. Annie semblait si confiante. Puis le nom de la troisième dauphine a été annoncé. De nouveau, ce n'était ni elle ni moi. J'ai constaté que maman retenait son souffle. Mais la seconde dauphine… c'était moi !

J'ai poussé un petit cri de joie et de surprise. Maman a ouvert les yeux d'un seul coup et a applaudi de toutes ses forces. Elle me souriait et avait, sur le visage, une expression d'immense fierté et d'émerveillement. On m'a tendu mon trophée et des fleurs – un énorme bouquet de grosses roses blanches. Je les ai prises, je rayonnais.

Mon cœur battait très fort. J'avais le visage tendu par le sourire accroché à mes lèvres. Remplie de bonheur, je n'ai pas prêté attention à la suite. Puis le nom de la reine a été révélé, et je me suis rendu compte que c'était Annie ! Le public, les juges et les concurrentes ont applaudi et moi, plus fort que les autres !

Moi, tout sourire, après avoir été couronnée première dauphine de Miss Indiana Sweetheart Pageant.

On s'est quitté dans l'émotion et la joie. J'ai serré Annie dans mes bras. Heather aussi. Et les autres filles. Je me souviens que maman a donné l'accolade à tout le monde ! Maman et la mère de Heather ont aussi échangé leurs numéros de téléphone. Je m'en suis réjoui, car cela signifiait que je reverrais Heather.

— Souviens-toi, Paige, m'a dit Heather. Sois toi-même.

Je lui ai dit au revoir, après quoi, maman a passé son bras autour de mes épaules et nous sommes rentrées à la maison. Sur la route, mon trophée et mes fleurs sur les genoux, j'ai repensé au petit mot qu'Annie avait logé dans sa chaussure : *La gagnante de Sweetheart Pageant 2003 est... Annie Edge !*

Quelle excellente idée ! Je l'imiterai la prochaine fois. Parce que j'avais l'intention de participer de nouveau ! J'étais déterminée.

J'ai bel et bien recommencé l'année suivante. De là, les concours de Miss se sont succédé. La deuxième fois, j'ai glissé un morceau de papier dans ma chaussure : *La gagnante de Sweetheart Pageant 2004 est... Paige Rawl...*

Ça a marché : j'ai gagné !

C'est Annie, élue Miss Sweetheart 2003, qui a placé sa couronne sur ma tête. Nos yeux se sont croisés, Annie souriait. Moi, j'avais l'impression de flotter. Je n'avais jamais été aussi heureuse de ma vie. Cette victoire m'a enseigné une leçon : si l'on souhaite quelque chose de tout son cœur, cela se réalise.

Je découvrirais plus tard que cela ne suffit pas toujours. Qu'importe, lors de mes premiers concours de Miss, le monde semblait s'ouvrir devant mes yeux éblouis. Je comprenais que la confiance en soi était un atout capital. Et de la confiance, croyez-moi, j'en avais à revendre.

Ma force de conviction pouvait soulever des montagnes ! *Le monde m'appartenait !*

Tout me plaisait dans les concours de Miss.
Sur cette photo, je suis Miss Indiana Sweetheart State Hostess.

Clarkstown : Super Bowl XLI

En février, les Colts d'Indianapolis[1] ont participé au Super Bowl[2] pour la première fois depuis janvier 1971. Plusieurs semaines avant que ne se déroule le Super Bowl XLI, Indianapolis a adopté les couleurs des Colts : tout est devenu bleu foncé ! Leur logo – le fer à cheval –, était partout : dans les vitrines de magasin, les vestes, les chapeaux, les sacs à dos. Même les bébés portaient des pyjamas avec des imprimés de fer à cheval.

Le dimanche 4 février, Yasmine et moi, on a regardé le match à la télévision. Les Colts d'Indianapolis ont battu les Bears de Chicago par 29 à 17 sous une pluie battante. Peyton Manning, le quarterback des Colts, a effectué vingt-cinq passes sur trente-huit. Un tour de force, car les joueurs glissaient et dérapaient sans cesse sur le terrain imbibé d'eau.

---

1. Équipe de football américain d'Indianapolis.
2. Finale du championnat de football américain qui détermine le gagnant de la Ligue nationale de football, ou NFL. C'est l'événement sportif le plus regardé aux États-Unis.

C'était la première victoire des Colts depuis qu'ils avaient quitté Baltimore pour devenir l'équipe attitrée d'Indianapolis. C'était aussi la première victoire sportive importante pour Indianapolis depuis presque trente ans. À la fin du match, on a pu entendre, de maison en maison, et dans tout Indianapolis, une véritable explosion de joie.

J'ai immédiatement envoyé un texto à maman : *On a gagné !!!!!*

Je savais qu'elle savait, mais elle voulait me l'entendre dire.

Maman a répondu à mon texto : *Je sais !!!! La meilleure équipe de tous les temps !!!*

J'ai passé la nuit de dimanche à lundi chez Yasmine et Lila. Madison aussi. On était si excitées qu'on a à peine fermé l'œil. Le lendemain matin, dans le car scolaire, tous les élèves portaient le bleu foncé des Colts. Certains ont évoqué la parade victorieuse prévue dans la journée : les Colts seraient accueillis à Indianapolis sous une pluie de confettis.

— J'aimerais tellement y être..., a confié Madison avec mélancolie.

— Oui, moi aussi..., ai-je renchéri.

La soirée de la veille avait été tellement extraordinaire... ! Indianapolis jubilait, mais nous, on était obligées d'aller au collège s'ennuyer...

C'est alors que j'ai eu une idée de génie ! L'enthousiasme m'a fait bondir et j'ai regardé tour à tour Yasmine, Madison et Lila. Et de nouveau Yasmine.

— Vous savez quoi, les filles ? Je vais appeler ma mère et lui demander !

Lila a levé les yeux au ciel.

— Tu parles… Elle n'acceptera jamais !

— Ce n'est pas gagné, mais on ne perd rien à essayer ! ai-je insisté.

D'ailleurs, plus j'y pensais, plus je me disais qu'elle accepterait. Maman ne disait-elle pas toujours « oui » ?

Oui, on peut augmenter le volume de la radio.

Oui, j'accepte de vous conduire, toi et tes amies, au parc aquatique.

Oui, si tu veux, du moment que tu prends bien tes médicaments, que tu me téléphones et que je ne m'inquiète pas plus que je ne m'inquiète déjà ; tant que je sais où tu es, tant que j'ai l'assurance que tu ne coures aucun danger, c'est oui, oui et oui !

J'ai téléphoné chez nous. Dès que maman a décroché, j'ai parlé de la parade.

— On peut y aller ? ai-je supplié pour finir.

Yasmine s'est penchée sur mon épaule pour crier dans mon portable.

— Vous voulez bien ? Dites oui, s'il vous plaît madame Rawl.

Madison et Lila ont fait chorus.

— Dites oui, madame Rawl !

J'ai tendu mon téléphone dans leur direction pour que maman les entende. Quand j'ai remis le combiné contre mon oreille, maman achevait une phrase.

— ... mais leurs parents doivent donner leur accord...

J'ai couvert le combiné avec ma main et regardé mes amies.

— Vous savez quoi ! Maman dit oui ! ai-je murmuré.

Les trois ont ouvert de grands yeux.

— Mais seulement si vos parents sont d'accord ! ai-je ajouté.

Au cours de la demi-heure suivante, ce fut une succession presque ininterrompue de coups de téléphone et de promesses solennelles qui, comme par enchantement, ont abouti à l'accord des parents. Sans doute devait-on remercier la « fièvre des Colts » qui baignait Indianapolis ce matin-là ! Nous sommes allées au collège le temps de ranger nos affaires dans nos casiers et, quelques minutes plus tard, nous attendions maman devant le bureau du principal, en regardant l'arrivée des élèves.

J'ai soudain vu une fille que je connaissais. Amber était en cinquième, et pom-pom girl. Elle avait des cheveux incroyablement bouclés qu'elle ramassait simplement en une queue-de-cheval. Ce matin-là, elle était avec sa mère qui semblait très jeune, d'une dizaine d'années de moins que maman, et très jolie.

Rien d'extraordinaire à cela, sauf que sa mère semblait avoir des problèmes de coordination et d'équilibre. On avait l'impression qu'Amber la soutenait, car elle marchait avec hésitation, comme si elle redoutait de tomber à chaque pas. D'ailleurs, elle a soudain trébuché. Amber a aussitôt passé son bras autour de sa taille pour la rattraper et mieux la soutenir. On devait les observer avec la plus grande curiosité, car Amber nous a défiées d'un regard fier. D'embarras, j'ai détourné les yeux.

— Vous n'avez jamais rien vu ? ! Ça serait trop vous demander de nous ouvrir la porte ? a lancé Amber d'un ton mordant.

Je me suis précipitée. La mère d'Amber m'a souri en entrant et Amber, qui la soutenait toujours, a prononcé d'une voix plus calme :

— Merci, Paige.

Peu après, maman est arrivée. On a signé le registre de sortie. On riait d'excitation. On avait oublié Amber, Clarkstown, les cours et les manuels scolaires. Il faisait un froid de canard, ce jour-là. La température était à peine au-dessus de zéro, mais la météo annonçait des bourrasques qui amplifieraient le froid et feraient chuter la température en dessous de zéro.

Maman s'est garée dans le centre, et on s'est dirigées vers la foule amassée sur les trottoirs. Puis l'attente a commencé. Dans les rues, c'était une marée de blanc et de bleu foncé. Les gens brandissaient des pancartes : *ON VOUS AIME LES COLTS !* ou tout simplement : *MERCI LES COLTS !* Il y avait des caméras de télévision partout. Les voitures klaxonnaient en passant. Chaque fois, la foule criait, applaudissait et levait l'index pour dire : « On est les champions ! »

J'ai vite eu les pieds et les mains engourdis par le froid. Cela n'avait aucune importance, du moment que nous assistions à cette grande célébration : « C'est la fête de l'année ! Même du siècle ! », répétaient d'ailleurs les gens. L'attente s'est poursuivie. L'après-midi est arrivé. Soudain, un homme a parcouru la rue en criant à la foule :

— On attend depuis ce matin ? Non : depuis des années ! Alors, hip ! hip ! hourra !

Les fans ont débordé d'enthousiasme renouvelé. Le jour finissait. Les lumières se sont allumées dans les immeubles. La nuit tombait quand, enfin, les Colts sont arrivés ! J'ai compris qu'ils approchaient avant même de les voir. La joie de la foule, qui avait poussé des clameurs tout au long de la journée, touchait cette fois à l'hystérie. Presque instantanément autour de nous, les bras se sont levés et agités en signe de victoire.

— Ils sont là ! Ils sont vraiment là, cette fois ! ai-je crié à Yasmine.

On s'est hissées sur la pointe des pieds pour mieux voir. Yasmine étant plus grande que moi, c'est elle la première qui les a vus.

— Les voilà ! s'est-elle écriée.

J'ai sautillé pour voir moi aussi. Je les ai repérés. Oui, c'était eux ! En chair et en os. Les Colts, les nôtres. L'équipe d'Indianapolis. Au début, je ne voyais que les véhicules, mais très vite j'ai aperçu les joueurs avec les bras levés et écartés comme pour envelopper, embrasser la foule en délire avec fierté et allégresse. C'était eux. Là. Sous mes yeux. Les gens les acclamaient, agitaient pancartes et drapeaux, et adressaient à leurs idoles des messages d'amour inaudibles dans la cacophonie. C'était incroyable de voir l'énergie d'une ville entière converger vers les Colts. C'était électrique. Délirant !

Soudain, Yasmine a serré mon bras et je l'ai vu, lui, le quarterback vedette des Colts, Peyton Manning. Là. À portée de main ! Debout dans une voiture, la tête émergeant d'un toit ouvrant. Il nous faisait signe, nous souriant. Après ces derniers mois où je ne l'avais vu qu'à la télévision, je le voyais enfin en vrai. Alors, j'ai crié de toute la force de mes poumons et j'ai agité les bras comme une folle.

— Bravo ! a hurlé la foule.

Moi aussi. Quand il est passé à notre hauteur, Yasmine et moi on s'est regardées, puis on s'est étreintes. C'était indescriptible. Le présage, c'est sûr, de victoires sans fin…

Prise de conscience

On ne reste pas toute sa vie un enfant. Mes gobelets à bec verseur avaient désormais cédé la place à des verres, et mes médicaments en poudre, à des comprimés. Maintenant que j'étais plus grande, je commençais à m'intéresser à mes visites fréquentes et régulières chez le médecin.

Je ne posais pas encore de questions, mais j'étais frappée d'entendre toujours les mêmes mots : VIH, système immunitaire, lymphocytes T4, charge virale. Je n'en connaissais pas le sens, mais je n'en avais pas moins remarqué, à chacune de nos visites à Riley, l'extrême sérieux de maman auquel succédait un vrai soulagement une fois que le docteur Cox lui annonçait les résultats de mes prises de sang.

Et puis en CM1, je me suis rendue chez le dentiste pour un contrôle. Mon dossier médical était grand ouvert sur la table toute proche, et j'y ai jeté un coup d'œil. En bas avait été écrit, et entouré au stylo noir : *Asthme.* Et surtout : VIH +.

Plus tard, en CM2, j'ai entendu les mots VIH/sida en cours de SVT. Je me suis aussitôt souvenue de la salle d'attente du docteur Cox avec ses affiches : *VIH/sida : informez-vous.* J'ai aussi revu mon père malade du sida dans son lit d'hôpital, les larmes aux yeux alors qu'il essayait de parler. Dès lors, je me suis interrogée.

Un jour de printemps, cinq ans après la mort de mon père et un peu avant que je fasse la connaissance de Yasmine, maman est venue me chercher à l'école. Je n'ai pas parlé pendant le trajet. Une fois garées devant chez nous, je lui ai posé une seule question.

— Je suis séropositive ou séronégative ?

Maman a pris une grande inspiration comme pour se jeter à l'eau et cependant n'a pas répondu immédiatement. On est d'abord rentrées. Dans la cuisine, maman m'a fait asseoir sur le tabouret près du bar où l'on prenait nos repas. Elle s'est installée en face, s'est penchée vers moi avec affection et m'a révélé que j'étais séropositive depuis ma naissance.

Maman aurait voulu me le dire depuis déjà longtemps, mais elle n'avait pas su comment. De plus, elle savait que cette révélation susciterait des questions plus compliquées, dont certaines concernaient la mort de mon père. Elle n'avait pas voulu me faire peur. Elle m'a dit qu'on en parlerait plus longuement quand je serai plus grande.

Puis elle m'a confié qu'elle aussi était séropositive. Enfin, elle a conclu que tout irait pour le mieux pour nous deux tant que l'on prendrait notre traitement et qu'on serait vigilante avec notre santé.

Là-dessus, maman a préparé mon plat favori – spaghettis et boulettes de viande. Après le repas, on n'a pas dérogé à nos habitudes. On a écouté de vieilles chansons et on a branché le karaoké. On a chanté et dansé, pieds nus sur la moquette du salon. Après, maman m'a bien bordée dans mon lit, comme tous les soirs. Elle m'a embrassée sur le front avant d'éteindre la lumière.

J'ai roulé sur le flanc et j'ai écouté le bruit de mon souffle.

Tout était pareil, seulement, tout était différent d'un seul coup.

Lock-in

Un mois après la parade du Super Bowl, Clarkstown Middle School a organisé un *lock-in*, une mégafête façon supersoirée pyjama à huis clos. Elle se déroulait exclusivement entre ses murs, la nuit, et jusqu'à l'aube, sous la surveillance de parents d'élèves et du personnel de l'école. À l'occasion de cette « fête entre quatre murs », le collège avait été divisé en différents espaces ludiques : danse, jeu de plateau, snack et sport.

Yasmine et moi, on passait inlassablement de l'un à l'autre. On s'est empiffrées au stand hamburger, frites, pizza, nachos, hot dog et glaces, etc. On a bu des sodas. On a dansé sur des chansons de Justin Timberlake et de Rihanna. On a fait un passage à l'espace jeu de plateau, où l'on a regardé de loin, avant de retourner manger. C'était le monde à l'envers : on était au collège, mais pour une fois, on n'avait d'autre obligation que de s'y amuser, bavarder et rire.

Pour finir, nous sommes allées dans le gymnase. Des garçons de cinquième y faisaient des paniers et Amber, la fille que j'avais vue soutenir sa mère, le jour de la parade des Colts, aussi. Lila et Madison étaient assises par terre avec d'autres. Yasmine les a rejointes pendant que j'observais les joueurs.

— Salut, Paige ! a commencé Amber.

Je me suis approchée.

— C'est vrai que tu vas à des concours de Miss ? a-t-elle demandé.

— Oui.

— Tu portes des robes de bal et tout ?

— Des tenues de soirée, oui.

— Et des maillots de bain ?

J'ai ri.

— Non ! On s'habille plutôt en robes du dimanche, enfin, pour répondre aux questions du jury.

— Berk !

Elle a attrapé le ballon et a dribblé, louvoyant entre les garçons pour s'approcher d'un panier de basket.

— Tu viens jouer ? a-t-elle dit.

Je l'ai suivie.

— Et tu y passes tes week-ends ? a-t-elle continué.

— Non, c'est surtout l'été.

— Tu as déjà gagné ?

— Oui. Au moins une fois. J'ai aussi été dauphine.

Je ne savais pas si Amber se moquait de moi, car elle ne semblait pas être le genre de fille à s'intéresser à des concours de beauté et d'élégance. Pourtant, elle se mordillait la lèvre comme si elle était impressionnée.

— Cool..., a-t-elle simplement conclu.

Nous avons tiré des paniers chacune notre tour. À l'autre extrémité du gymnase, les garçons commençaient un match. Il y avait parmi eux les meilleurs joueurs de l'équipe de basket de cinquième – Kyle Walker, Michael Jepson et Devin Holt –, ainsi que d'autres garçons que je ne connaissais pas. L'un d'eux avait des cheveux noirs ébouriffés. Il était mince avec un visage ovale. Il n'était pas vraiment beau, mais il souriait sans cesse. Surtout, j'aimais bien ses yeux. Leur expression avait un je-ne-sais-quoi d'attirant. Je l'ai tellement observé que, à un moment, il a tourné la tête dans ma direction.

J'ai aussitôt détourné le regard.

— Trop cool de ne pas passer la soirée et la nuit à la maison ! a soudain déclaré Amber qui dribblait. On est obligés de déménager la semaine prochaine et toute notre vie est en carton.

Elle a bondi et tiré un panier. Raté. Le ballon a rebondi sur le bord.

— Pourquoi vous êtes obligés de déménager ?

Amber a rattrapé le ballon qu'elle m'a passé.

— À cause de la SEP de ma mère.

— La SEP ?

J'ai tiré. Le ballon a heurté une extrémité du panneau puis est revenu comme un boomerang. Amber l'a attrapé.

— SEP : sclérose en plaques.

Elle s'est arrêtée net.

— C'est une maladie auto-immune. C'est quand ton système immunitaire attaque ton système nerveux central. Une vraie saloperie.

Comme je ne savais pas quoi dire, j'ai regardé dans la direction des joueurs de basket. Le garçon que j'avais repéré dribblait dans la direction de Kyle qu'il a contourné.

— Parfois, elle a du mal à marcher, a commenté Amber. On doit déménager dans un appartement plus petit pour qu'elle ait moins de mal à se déplacer.

À cet instant, elle a remarqué que j'observais les garçons.

— Tu mates qui ? Ethan ?

Je me suis sentie rougir.

— Ah ! Ethan est super, mais c'est un vrai clown.

Au même instant, il a levé les yeux vers nous. Quand il a surpris nos regards, il s'est donné en spectacle et a fait son intéressant, mimant une course au ralenti. Puis volontairement et avec de grands gestes, il a trébuché et lâché le ballon pour s'étaler en plein gymnase. Amber a éclaté de rire.

— Typique ! Il n'arrête pas de faire l'imbécile !

Au même moment, Devin Holt a repris le ballon qu'Ethan avait laissé échapper et l'a lancé dans notre direction.

— C'est quoi ton putain de problème ? a crié Amber en lui renvoyant.

Puis elle s'est tournée vers moi.

— Désolée...

Elle a haussé les épaules.

— C'est plus fort que moi, je mets des « putain » partout. Excuse.

— C'est drôle, mais tu ne corresponds pas à l'idée qu'on se fait d'une pom-pom girl.

Amber a de nouveau haussé les épaules.

— Bah, j'aime bien faire du bruit et je déteste rester immobile. Je choisis donc les sports où je peux sauter et me défouler. Tu veux devenir pom-pom girl l'année prochaine ?

J'ai hoché la tête.

— Alors si tu veux, je peux te montrer des figures et des chorégraphies.

— Oh oui, super ! me suis-je exclamée.

Et en même temps, je continuais de regarder Ethan. Au même moment, nos yeux se sont croisés et je me suis sentie rougir.

— Oh là là ! s'est écriée Amber en secouant la tête, incrédule. J'y crois pas ! Tu craques pour Ethan !

Au petit matin, quelques heures après avoir tiré des paniers avec Amber, Yasmine et moi, on s'est assises sur une table devant le gymnase. J'ai retiré le papier autour de ma barre chocolatée et j'ai croisé les jambes. On parlait de tout et de rien.

Non loin, dans les toilettes, des filles se remettaient du mascara et, s'admirant dans la glace, étiraient leurs lèvres pour étaler le gloss. J'étais contente que, Yasmine et moi, on fasse bande à part. Aucune de nous deux ne se maquillait. Ça me plaisait d'avoir une amie aussi nature que moi.

— Je suis angoissée en ce moment..., a soudain déclaré Yasmine.

Elle a sorti des bonbons d'un paquet et les a avalés.

— Ah bon, pourquoi ?

Je croyais qu'elle allait m'avouer qu'elle était fatiguée et qu'elle avait envie de rentrer. Mais Yasmine m'a fait de tout autres confidences. En réalité, un membre de sa famille était malade et allait venir vivre chez elle. D'où ses angoisses.

Quelle serait l'attitude de cette personne ? Sa vie de famille en subirait-elle les conséquences et serait-elle chamboulée ? C'était un vrai secret. J'ai voulu lui remonter le moral et la soutenir.

— Tout le monde a un truc qui colle des angoisses, ai-je déclaré.

J'ai repensé à la mère d'Amber, à sa famille obligée de déménager dans un plus petit appartement à cause de sa SEP. J'ai aussi pensé aux enfants que j'avais vus à Riley, qui se déplaçaient en chaise roulante ou avec des béquilles, ou encore, qui étaient complètement chauves. Pour conclure, je lui ai confié que moi aussi, j'avais un truc qui m'angoissait. Je lui ai révélé que j'étais porteuse du VIH.

Si son visage a changé quand je le lui ai annoncé, je ne l'ai pas remarqué. Si son regard sur moi a été différent, je ne l'ai pas remarqué non plus. D'un autre côté, je n'avais aucune raison de me méfier et d'être sur mes gardes. Après tout, je pensais vraiment ce que je venais de dire à Yasmine, à savoir que tout le monde a un truc angoissant dans sa vie. Je connaissais des enfants diabétiques, couverts d'acné, ou qui avaient des problèmes de genou. Moi j'étais séropositive, point.

Des élèves sont arrivés. On a échangé quelques mots avec eux. Puis Amber a passé la tête par la porte entrebâillée du gymnase.

— Hé Paige ! Tu viens ? On a besoin d'une volontaire pour s'entraîner au *L-up* !

Le L-up est l'une des figures fondamentales du cheerleading : deux « bases » propulsent une voltige, ou *flyer*, dans les airs, laquelle exécute une culbute, ou une autre figure de gymnastique. Le L-up exige un vrai travail de coordination entre les trois ou quatre filles, lesquelles doivent agir ensemble pour que l'acrobatie soit réalisée à la perfection et, bien entendu, avec la sécurité nécessaire.

— Super, j'arrive !

On s'est exercées à plusieurs reprises : les filles de cinquième me propulsaient dans les airs afin que je me retrouve les pieds sur leurs épaules, bras tendus vers le plafond.

J'étais heureuse alors. J'en garde le souvenir précis.

Plus tard, Yasmine et moi on est sorties du gymnase, et l'on s'est attablées avec d'autres. J'étais en sueur après m'être tant démenée. Rien ne semblait avoir changé entre l'instant où je lui avais confié que j'étais porteuse du VIH et l'instant présent. Puis un élève a passé une bouteille d'eau. J'ai bu au goulot et je la lui ai rendue.

— Fais gaffe ! est alors intervenu un type de cinquième. Bois surtout pas après elle : je te jure, elle a le sida.

J'ai mis un temps pour assimiler ces mots. Et un second pour en comprendre le sens. Passons sur le fait que j'étais porteuse du VIH et que le VIH, ce n'est pas le sida. Ce qui m'avait frappé, en premier lieu, c'est que ce garçon avait parlé de *moi*. Je n'ai pas regardé Yasmine bien qu'elle ait été proche. Bien sûr, elle avait entendu cette remarque.

Je n'avais confié ma séropositivité qu'à une personne. Une *seule*. Ma meilleure amie. Je me suis figée. J'ai eu soudain très froid et puis j'ai eu la nausée. Je n'avais révélé mon secret qu'à Yasmine, mais d'autres maintenant le savaient. Par conséquent, Yasmine l'avait répété aussitôt après, sans doute pendant que mes voltiges avec les pom-pom girls.

Mais non. C'était impossible. Pas Yasmine. *Pas elle. Dans ce cas, c'est Lila*, ai-je aussitôt pensé. Yasmine l'avait révélé à Lila et... *Bois pas après elle.* Et Lila l'avait répété à d'autres qui l'avaient ensuite répandu. Il avait fallu une heure pour que tout le monde soit au courant. *Elle a le sida.*

Vu le ton avec lequel le garçon avait prononcé ces mots, on comprenait que le VIH n'était pas comme un asthme, ou des problèmes de genou. Le VIH, c'était un vrai problème. Somme toute, le problème, c'était moi. Maintenant, les regards étaient braqués sur moi. J'avais les joues en feu, mais je n'aurais su dire si c'était de honte ou de colère. Je tenais toujours la bouteille d'eau, que je n'osais passer.

Au même instant, une chanson qu'on aimait bien s'est élevée du gymnase. Les autres s'y sont précipités. Moi, je suis restée là, tétanisée, avec ma bouteille d'eau dont personne ne voulait plus.

Je n'ai pas reparlé de l'incident quand j'ai rejoint mes camarades pour danser. J'ai aussi gardé le silence quand on est revenus dans l'espace snack pour faire une razzia sur le pop-corn. Et lorsqu'on a écouté des chansons à la file. Et enfin, au petit matin où, morts de fatigue et somnolents, chacun à sa façon finissait par divaguer et délirer.

Mais moi, j'étais bien réveillée, et je ne divaguais ni ne délirais.

Je n'ai plus échangé une seule parole avec Yasmine, mais je n'ai eu aucun mouvement d'humeur. Simplement, j'ai agi comme si de rien n'était, comme si je n'avais jamais entendu ce que j'avais entendu, comme si personne ne savait ce qui aurait dû rester secret. J'ai même ri, mais un peu trop fort. J'ai dansé, mais avec un peu trop d'enthousiasme. Parfois, je croisais le regard d'Ethan et je me demandais ce qu'il penserait de moi, s'il le savait.

En bref, j'ai essayé de rester dans l'ambiance. Dans le groupe. Pourtant, pendant tout le reste de la soirée, j'ai eu une conscience aiguë de Yasmine, de l'endroit exact où elle se trouvait à chaque instant. J'attendais, peut-être, je ne sais pas, une explication de sa part.

Elle a le sida.

Le matin est arrivé sans que Yasmine se soit expliquée. Fin du lock-in. Maman m'attendait dans la voiture à l'entrée de Clarkstown. Je suis montée devant, puis j'ai tourné les yeux une dernière fois sur mon collège.

— Alors ? Ça t'a plu ? a demandé maman en tournant dans la 73e Rue.

Maman était convaincue que je m'amuserais bien pendant cette fête. Dans son esprit, c'était évidemment la seule possibilité. J'ai posé ma tête contre la vitre de la portière et regardé dans la rue. Je ne voulais pas la décevoir.

— Oh, c'était super, ai-je répondu.

Mais j'ai entendu de la tristesse dans ma voix.

— Je suis fatiguée..., me suis-je ensuite entendue ajouter.

Après quoi, j'ai branché la radio. Une fois à la maison, j'ai pris mon médicament sous le regard toujours vigilant de maman et je suis allée me coucher. Mon regard a erré sur les murs mauve vif de ma chambre, sur le ventilateur moucheté de rose et violet. Maman, dans la salle de bains, prenait aussi ses comprimés. J'ai entendu l'armoire à pharmacie s'ouvrir, les comprimés rouler dans le flacon en plastique, l'eau couler, et enfin le flacon remis à sa place.

J'ai plaqué un oreiller sur ma tête. Je refusais de penser que maman elle aussi suivait un traitement médical. Je refusais de penser à maman. J'avais mal au ventre.

Je ne lui ai pas raconté l'incident. Ni ce jour-là ni le lendemain et d'ailleurs, pendant très longtemps, j'ai gardé le silence.

D'ordinaire, Yasmine m'aurait appelée. Quelques heures à peine se seraient écoulées avant que le téléphone sonne. Yasmine, à l'autre bout du fil, aurait commenté tous les ragots du lock-in. On aurait bavardé à perdre haleine, analysé et disséqué les événements au fur et à mesure. Ensuite, on aurait supplié nos parents de nous laisser nous voir, pour parler face à face de ce qu'on venait précisément de se dire au téléphone.

Mais ce dimanche-là, mon téléphone n'a pas sonné. Yasmine n'a pas appelé. Elle n'a pas appelé ce jour-là, ni dans la soirée ni le lendemain. Quelle importance. Car après tout, qu'est-ce que j'aurais bien pu lui dire ?

Vie en bloc : la sixième

Un incident est survenu au printemps de cette année-là, à peu près un mois après le lock-in. Même aujourd'hui, même plusieurs années après, je n'arrive toujours pas à lui donner un sens. J'ai souvent déroulé les événements de cette journée dans leurs moindres détails afin de découvrir qui avait été l'auteur du petit mot incriminé, et pourquoi. En vain.

Quoi qu'il en soit, ma seule certitude, c'est que cette journée a refermé un chapitre de ma scolarité à Clarkstown et en a ouvert un nouveau.

L'incident en question est survenu après le déjeuner. Yasmine et moi étions chacune à une extrémité d'une table de la cafétéria, ce qui nous permettait de nous éviter du regard. On riait et bavardait seulement avec nos plus proches voisines de table. Nous nous ignorions complètement, nous étions comme invisibles aux yeux l'une de l'autre.

Je n'avais pas échangé une seule parole avec Yasmine depuis le lock-in. À moins que ce soit elle qui ne m'ait pas reparlé ? Yasmine avait pris ses distances aussi vite qu'elle m'était devenue proche en devenant mon amie, le jour de la rentrée. S'en voulait-elle d'avoir révélé ma séropositivité ? Je n'en sais rien. Je lui avais bien souri timidement à une ou deux reprises, dans l'espoir d'initier une réconciliation, mais Yasmine m'ignorant, elle n'avait pas remarqué mes tentatives.

Ce jour-là, je me rendais en cours d'histoire-géo quand je l'ai croisée. La main plaquée sur le visage et les épaules rentrées, elle courait, zigzaguant entre les élèves. J'ai tout de suite compris qu'elle pleurait et je me suis donc figée avant de me retourner pour la suivre des yeux.

Quelques mois plus tôt, je n'aurais pas hésité à la rattraper pour la réconforter. Mais maintenant, à quoi bon. Yasmine refuserait mon aide. Me repousserait. Elle a finalement tourné au coin d'un couloir et, de mon côté, je me suis rendue en cours. Mais je n'ai pu entrer dans la salle de classe, car des filles se sont interposées.

— Pourquoi tu as fait un truc pareil, Paige ? a demandé l'une d'elles.

Elle s'est approchée si près de moi que j'ai été mal à l'aise.

— Ouais. C'est vraiment dégueulasse ! a renchéri une autre.

Je les ai dévisagées tour à tour sans comprendre. La première me fusillait du regard, tandis que l'autre plongeait les yeux dans les miens avec un air de défi. Qu'est-ce qui se passait ? Qu'avais-je fait ? La cloche a sonné. J'allais enfin entrer quand mon professeur m'a interceptée.

— Paige, a-t-il dit avec calme. Tu es convoquée dans le bureau de Miss Ward.

Miss Ward était l'une des conseillères d'éducation. Celles-ci, comme maman m'en avait informé le jour de la rentrée, n'avaient affaire qu'aux élèves indisciplinés. Jusqu'à maintenant, Miss Ward n'avait jamais été, pour moi, que l'ancienne prof de gym de maman, une femme élégante, très maquillée, souriante, adepte des talons hauts et qui gérait les élèves avec de gros problèmes.

Maintenant, je faisais moi aussi partie des élèves à problèmes. C'était ma seule certitude, mais quant à savoir ce que l'on me reprochait, et pourquoi, mystère. J'ai dévisagé mon prof avec l'espoir qu'il m'éclaire, mais il a haussé les épaules et m'a montré le couloir.

— Vas-y, Paige. Ça ne devrait pas durer, tu nous rejoins après.

Quelques instants plus tard, je frappais timidement à la porte de Miss Ward. À mon entrée, elle a levé les yeux vers moi.

— Ah, Paige ! a-t-elle commencé d'un ton cassant.

Puis elle a poursuivi, me montrant une chaise en face d'elle.

— Assieds-toi, je t'en prie.

J'ai obtempéré. Miss Ward a croisé les mains sur son bureau et m'a dévisagée en silence. Gênée et intimidée, je me suis agitée sur mon siège en baissant les yeux. Était-ce à moi d'engager le dialogue ? Pour dire quoi ? J'ai relevé la tête et vu des diplômes encadrés sur le mur, puis j'ai tourné les yeux vers la fenêtre ouverte. J'attendais toujours. Enfin, Miss Ward a pris la parole.

— Paige ? Mais qu'est-ce qui t'a pris d'écrire ce message ?

— Excusez-moi, Miss Ward, mais je ne comprends pas.

— Je fais allusion au mot que tu as mis dans le casier de Yasmine. Je veux savoir pourquoi tu lui as écrit ça.

J'ai essayé de donner un sens à ses informations. Je n'avais jamais placé le moindre message dans le casier de Yasmine depuis le lock-in. Yasmine y avait-elle retrouvé une note de ma main qui datait d'avant le lock-in ? Dans ces conditions, où était le problème ? J'ai levé un regard confus vers Miss Ward.

— Quel mot ?

Miss Ward a froncé les sourcils et m'a observée de la tête aux pieds. Au bout d'un moment, elle a pris un morceau de papier et me l'a tendu.

J'ai alors remarqué ses ongles impeccables, vernis de rouge vif. C'était d'ailleurs une manucure si parfaite que je me suis demandé si ce n'était pas de faux ongles. Comme je restais immobile, pétrifiée, Miss Ward a agité le papier sous mon nez avec impatience. Je l'ai pris et déplié. D'emblée, je n'ai pas reconnu mon écriture. Ensuite, des mots m'ont sauté aux yeux. *Terroriste. Rentre dans ton pays.* Je me suis glacée. C'était si terrible que je ne voulais même pas lire ce qui était écrit.

Enfin, j'ai vu mon prénom en bas. Comme si j'étais l'auteur de ce message. Mon cerveau semblait travailler au ralenti. *Pourquoi mon prénom figurait-il là ?* Puis j'ai compris. On avait utilisé mon identité. *Quelqu'un avait signé de mon prénom un message où je traitais Yasmine de terroriste ? Mais pourquoi à la fin ?* J'ai rendu le mot à Miss Ward comme si le tenir seulement pouvait m'attirer les pires ennuis.

— Ce n'est pas mon écriture, ai-je déclaré très vite.

Le regard de Miss Ward est resté froid. À l'évidence, elle ne me croyait pas.

— Ce n'est pas moi qui l'ai écrit, ai-je insisté, dans l'espoir de la convaincre de ma bonne foi.

En même temps, j'essayais de comprendre. Mais le sens de cette situation m'échappait toujours. Mon prénom figurait au bas de ce feuillet et cependant ce n'était pas mon écriture. Ce message se trouvait dans le casier de Yasmine, mais ce n'était pas moi qui l'avais déposé.

Pourquoi ?

Soudain, j'ai élucidé l'énigme. L'auteur de ce message me détestait au point de vouloir me nuire, de faire pleurer Yasmine et de perturber ma journée de cours. Au point de traiter une élève de *terroriste.*

J'ai avalé ma salive et pressé mes tempes avec mes doigts. Puis tout à coup, les néons, le mur en parpaing, le froncement de sourcils de Miss Ward, mes problèmes avec Yasmine, ma convocation dans son bureau, qui m'obligeait à m'absenter de cours pour un fait dont je n'étais pas responsable ont disparu de mon champ de vision. Comme quand une caméra effectue un travelling avant. À la fin, il n'est resté qu'un gros plan fixe sur une seule et unique pensée : *quelqu'un me déteste.*

— Tu affirmes que tu n'es pas l'auteur de ce message ?

Les propos de Miss Ward, et la dureté avec laquelle elle les avait prononcés, me frappèrent.

J'ai secoué vivement la tête. Cependant, je ne souhaitais plus autant me disculper et la convaincre de mon innocence. Car, à ce moment-là, c'est la haine que je redoutais le plus. La haine que ce message semblait véhiculer et qui finalement me ciblait.

— Non. Ce n'est pas moi, ai-je répété avec calme.

Miss Ward a pincé les lèvres et de nouveau m'a longuement observée. Enfin, elle s'est levée pour aller ouvrir la porte, accompagnée par le martèlement de ses talons. Elle a appelé l'une de ses assistantes.

— Auriez-vous la gentillesse de m'apporter des échantillons de l'écriture de Paige Rawl, s'il vous plaît ? lui a-t-elle demandé d'un ton cassant.

Là-dessus, elle est revenue s'asseoir derrière son bureau et a croisé les bras. Pour finir, elle a pris une grande inspiration et a froncé les sourcils.

— Tu peux m'expliquer ce qui se passe exactement, Paige ?

Je lui ai tout dit. Je lui ai expliqué que, la nuit du lock-in, Yasmin avait raconté que j'avais le sida. C'était Yasmine, forcément, car auparavant, personne au collège n'était au courant et désormais tout le monde l'était. Je lui ai aussi expliqué que des élèves conseillaient aux autres de ne pas boire après moi et chuchotaient sur mon passage. En gros, que l'on me traitait comme si j'étais contagieuse.

Quand j'ai eu terminé mon récit, j'ai pris plusieurs grandes inspirations et fixé le clavier de son ordinateur. J'essayais de retrouver mon calme mais, finalement, je me suis décomposée et je me suis mise à sangloter.

— Le pire, c'est que les gens ne savent même pas ce qu'est le VIH ! ai-je balbutié entre mes larmes. C'est juste un prétexte pour être méchant avec moi.

Je me suis essuyé les yeux du dos de la main et j'ai dévisagé Miss Ward, impuissante.

— Mais..., a commencé Miss Ward.

Elle a marqué une pause.

— Tu n'es pas séropositive ?

— Eh bien si...

Aussitôt le visage de Miss Ward a changé de couleur. Elle s'est figée, puis est devenue blanche comme un linge. Elle a même tellement pâli que son maquillage a eu l'air d'un masque pastel posé sur ses traits. Quand elle s'est ressaisie, elle a pincé les lèvres et déclaré.

— Ah ! Je vois.

Sur ces mots, elle s'est levée pour aussitôt se rasseoir. Son téléphone a sonné, elle n'a pas décroché. Elle restait immobile, le regard perdu. Une fois que son téléphone s'est tu, elle a pris une grande inspiration et, soudain, ses lèvres rouges se sont incurvées en un immense sourire si bien que ses joues ont reflué vers ses oreilles et que ses créoles en or ont oscillé et jeté un éclat.

— Sais-tu ce que tu pourrais faire ? a-t-elle alors avancé, l'air radieux.

Elle s'est penchée vers moi comme si elle allait me confier un secret.

— Nier en bloc que tu es séropositive !

Nouveau sourire. Manifestement, selon elle, c'était la solution. Moi, je suis restée silencieuse. J'essayais de comprendre en quoi sa proposition pouvait régler le problème. J'étais séropositive, donc prétendre le contraire, c'était mentir. Or il ne faut pas dire de mensonges. On me l'avait appris dès l'enfance. Mais ce n'était pas tout. Ses propos, sa suggestion me mettaient mal à l'aise, et je n'arrivais pas à savoir pourquoi.

Soudain, on a frappé. L'assistante de Miss Ward apportait un échantillon de mon écriture. Elle lui a tendu des feuillets parmi lesquels j'ai reconnu une rédaction, une interro de vocabulaire et un devoir fait à la maison. Miss Ward et l'assistante ont comparé l'écriture du mot à la mienne.

— Ce n'est pas elle, a conclu Miss Ward avec calme.

Super, ai-je alors pensé. *Ouf !* J'allais sortir de son bureau et retourner en cours. Ce *n'était pas moi*. La preuve se trouvait noir sur blanc sous nos yeux.

Étonnamment, cependant, Miss Ward a esquissé une petite moue puis est sortie de son bureau. Quand elle y est revenue, elle n'était pas seule. Un autre conseiller, l'assistant du principal et Yasmine la suivaient. Les trois ont pris place. Yasmine reniflait et évitait ostensiblement de regarder dans ma direction.

J'aurais aimé m'expliquer. Lui dire que je n'étais pas l'auteur de cette note, que l'écriture avait été comparée avec la mienne et que je n'étais pas coupable. *Tu connais mon écriture ? Tu me connais ?* aurais-je voulu lui demander. J'aurais aussi voulu lui confier que j'étais sincèrement désolée qu'elle ait reçu ce message et qu'un tel abîme se soit creusé entre nous. Désolée de toute cette confusion...

Mais je n'ai rien dit. Je suis restée immobile, muette en attendant que les adultes les premiers prennent la parole. Miss Ward ne m'a pas disculpée. Elle a seulement décroché son téléphone.

— Je vais appeler vos parents, a-t-elle expliqué.

— Oh non ! s'est écriée Yasmine terrorisée. Je vous en prie, n'appelez pas mon père, Miss Ward.

Moi, j'étais complètement perdue. Pourquoi Miss Ward voulait-elle contacter ma mère à la fin ? Qu'avais-je fait ? Rien. À l'évidence, ce n'était pas son avis ! Cela dit, n'avait-elle pas raison, ne représentait-elle pas l'autorité compétente ? La preuve, ses nombreux diplômes accrochés au mur. Miss Ward incarnait l'administration scolaire, donc je me suis tue, mais je n'en ai pas moins été écrasée par la honte.

— Allô, madame Rawl ? a commencé Miss Ward d'une voix tendue mais amicale. J'aimerais que vous veniez au collège. Oui, oui en effet, nous avons un problème. Mmm-hmm. Oui, avec Paige et une autre fillette. Oui. Mmm-hmm... Oui, maintenant, oui, je vous en prie.

Quelques instants plus tard, nous étions rassemblés dans le bureau. Il y avait là Miss Ward, le conseiller d'éducation de Yasmine, l'assistant du principal, Yasmine, Lila (qu'on était allée chercher en cours), ma mère et le père de Yasmine. Mis à part les reniflements de Yasmine, les soupirs appuyés de Lila et le tic-tac régulier de l'horloge, le silence était total. Miss Ward a toussoté pour s'éclaircir la voix.

— J'ai l'impression que les filles font tout un drame...

Là-dessus, Miss Ward a relaté la situation, commençant par le message dont je n'étais pas l'auteur. Ensuite, j'ai expliqué au travers de mes larmes que Yasmine avait raconté à tout le monde que j'étais séropositive. C'est ainsi que maman a appris que ma séropositivité n'était plus un secret pour personne à Clarkstown. Son visage s'est décomposé, et j'ai évité son regard.

Miss Ward a ensuite tendu des photocopies du message incriminé. *Mais ce n'est pas moi qui l'ai écrit !* ai-je eu envie de hurler. C'était la vérité. Jamais je n'aurais pu commettre une chose pareille ! Si ma séropositivité ne changeait pas ce que j'étais, l'histoire familiale de Yasmine ne changeait pas non plus ce qu'elle était. À savoir, une fillette qui jouait de la viole et du piano, aimait écouter le groupe Augustana, jouer au billard dans la « grande pièce » et avait une force de frappe incroyable au soccer.

Yasmine était une collégienne. Comme moi. Surtout, Yasmine était mon amie. J'en gardais la conviction et j'étais même persuadée que la situation actuelle n'était due qu'à un malentendu. Je continuais à penser que nous parviendrions à le surmonter. Je gardais l'espoir que, si je trouvais le moyen, la solution et la façon, nous pourrions redevenir les meilleures amies du monde. Je me disais que viendrait le jour où nous prendrions de nouveau place sur la balançoire géante près de chez elle ou, encore, que Yasmine accompagnerait nos rires et chansons sur le piano familial.

Si seulement j'avais pu trouver les mots et expliquer (mais expliquer quoi au juste ? Je ne le sais toujours pas), tout redeviendrait normal. C'était peut-être de la folie que de l'espérer. Le seul fait d'entretenir cet espoir ne prouvait-il pas l'étendue de ma folie ? Tant pis, je n'en espérais pas moins. J'y croyais ardemment.

Plus tard dans la nuit, j'ai reçu des messages de Lila.

Lila : *C'EST QUOI TON PROBLÈME ??!?? T'as pas intérêt à remettre un mot dans le casier de Yasmine.*

Moi : *Ce n'est pas moi. Je n'aurais jamais fait un truc pareil et je ne sais même pas ce qui est écrit exactement.*

Lila : *Je te jure QUE JE TE CASSE LA GUEULE SI TU OSES DE NOUVEAU ADRESSER LA PAROLE À MA SŒUR.*

Lila : *ET C'EST PAS UNE MENACE.*

Lila : *C'EST LA VÉRITÉ.*

Mais c'était bien une menace. J'ai fermé mon ordinateur. J'ai pris ma radio portative et suis allée dans la salle de bains. J'en ai claqué la porte, m'y suis enfermée et j'ai monté le volume de ma radio au maximum. Puis je me suis assise sur le rebord de la baignoire, je me suis enveloppée de mes bras et balancée d'avant en arrière. J'avais mal au ventre. Maudit ventre qui répercutait toujours en temps réel mes moindres émotions. Par-dessus la musique, j'ai entendu maman frapper à la porte. Ses coups semblaient venir de loin, très loin. Le son de sa voix aussi.

— Paige ? Tu peux baisser, s'il te plaît, ma chérie.

Et comme je n'obtempérais pas, elle a réitéré.

— Paige ? Ça va ?

Laisse-moi tranquille. Fiche-moi la paix.

Maman s'est remise à frapper.

— Paige ? Réponds !

Elle a insisté jusqu'à ce que, furieuse, je me lève. J'ai baissé le volume d'un geste rageur et ensuite j'ai ouvert la porte à la volée.

— Va-t'en ! ai-je hurlé.

Maman s'est figée et m'a regardée, interdite, la bouche grande ouverte. Jamais, je ne lui avais parlé sur ce ton. Jamais, je ne lui avais hurlé dessus. Ça m'était bien égal. Tout m'était égal. Elle s'est vite ressaisie.

— Écoute, chérie, je voulais juste m'assurer que...

— C'est bon, ai-je coupé. Laisse-moi de l'air, tu m'empêches de respirer.

— Bien sûr, mais je...

Je lui ai claqué la porte au nez, j'ai remonté le volume de la musique et repris ma place sur le rebord de la baignoire. Je me suis alors rendu compte que je détestais cette maison. Le collège. Je détestais tout, partout.

Au mois de mai de la même année, Yasmine a fêté ses douze ans. Avec Lila, elles ont fêté leur anniversaire au club de tennis. C'était cette fameuse grande fête dont nous avions tant parlé, Yasmine et moi.

Je l'ai imaginé dans ses moindres détails.

Confettis, serpentins et ballons de baudruche en abondance. Mets délicieux présentés sur des chauffe-plats. Balles de tennis qui rebondissaient sur les courts à proximité et souffle du vent dans les tentes dressées pour l'occasion. Ce jour-là, il faisait beau et même chaud, 32 °C. Chez nous, la chaleur était intenable, mais on ne pouvait rêver meilleure température pour une fête de printemps. Tout le monde allait sûrement sauter dans la piscine, s'éclabousser avec des cris de joie. Les éclairages du bassin resteraient allumés jusque tard dans la nuit.

J'ai seulement imaginé les réjouissances, car je n'en ai rien vu. Parce que l'anniversaire de Yasmine s'est déroulé sans que j'y sois invitée. Sans moi. C'était comme si je n'avais jamais existé.

DEUXIÈME PARTIE

Trébucher

Nouvelle année : la cinquième

Je vais faire un aveu surprenant : une fois dans ma vie, le bonheur a été associé à l'algèbre. Attention, *associé* seulement.

Je suis en cinquième et, désormais pom-pom girl, je soutiens l'équipe de basket-ball de mon collège – j'étais si fière d'être devenue pom-pom girl.

Je nageais dans le bonheur parce que premièrement j'avais réussi à intégrer l'équipe des pom-pom girls. J'avais été récompensée de toutes ces heures d'entraînement avec Amber et de ces soirées où j'avais répété figures et chorégraphies à la maison. Mieux, le coach m'avait désignée pour être voltige dans l'une des acrobaties. Deuxièmement, j'adorais ma tenue : jupette bleue aérienne, polo blanc et débardeur où était écrit *WILDCATS*. Des rubans blanc et bleu ornaient ma queue-de-cheval, mes pompons bleu et blanc froufroutaient et bruissaient comme dans un rêve lorsque je les agitais.

Pour autant, j'avais passé la plus grande partie de l'été à broyer du noir à cause de Yasmine. Je regrettais d'avoir perdu mon temps à me lamenter, mais son absence, son rejet soudain et définitif continuaient de me peiner. D'un autre côté, ma tristesse était contrebalancée par une modeste victoire : j'étais pom-pom girl !

Après tout, si Yasmine assistait à un match de soccer, elle ne pourrait plus m'ignorer ! Enfin, j'étais heureuse parce que je m'étais fait une amie : Mariah, nouvelle venue à Clarkstown, sympa, gentille et qui, de plus, me faisait beaucoup rire. Une fois que notre amitié a été scellée, elle m'a confié qu'elle avait souvent croisé Yasmine et d'autres filles, au cours de l'été. On lui avait parlé de moi. On lui avait révélé que j'avais le sida et que c'était dangereux de s'approcher de moi. Le jour de la rentrée, quand elle avait fait ma connaissance, Mariah avait délibérément décidé d'ignorer ces avertissements.

— Moi, je dis que tu es comme les autres, m'avait-elle confié en haussant les épaules.

J'étais heureuse d'avoir une confidente qui accepterait de passer la nuit à la maison le week-end. Mais surtout, j'aimais que Mariah me fasse de grands signes et m'appelle d'une voix forte, où perçait une note de défi.

— Salut, Paige !

Ce n'était pas tout : j'avais rejoint les Bluettes, un ensemble danse et chorale auquel participait Amber. Notre professeur, Miss Kay, nous avait confié que les Bluettes et d'autres ensembles musicaux iraient à Walt Disney World pour une représentation. Oui, vous avez bien entendu. Walt Disney World ! Le seul et l'unique.

Enfin, il y avait Ethan... Ethan...

La veille, après mon entraînement de pom-pom girl, on s'était croisés. Ethan en tenue de soccer, en sueur dans son short long et ses jambières, revenait vers les vestiaires du gymnase avec Kyle Walker, Michael Jepson et quelques autres.

Lorsque je l'ai vu, j'ai eu un petit pincement au cœur. Il m'a souri franchement.

— Salut, Paige !

Ah, ce grand sourire un peu naïf ! J'aurais pu le contempler toute la journée...

— Alors ? Ça va la vie ? a-t-il continué.

Je suis d'accord, cela n'a rien d'exceptionnel, en revanche ce qui l'a été, c'est qu'il s'est arrêté. Du coup, ses coéquipiers ont ralenti le pas pour l'attendre au cas où Ethan les rejoindrait. Mais non. Ethan les a ignorés, ils ont donc continué dans la direction des vestiaires. Oui, vous avez bien lu. Ethan est resté avec moi.

Et moi, j'étais dans un état... D'effervescence. On n'a pas parlé longtemps. Une minute et pas davantage. « Alors, tu as passé un bel été, Paige ? Tu es pom-pom girl maintenant ? Tu as qui en anglais ? Oh là, ouais, elle craint ! »

Ce n'était que des banalités, mais peu importe ! Je ne me lassais pas de l'écouter, d'être près de lui et de respirer l'air qu'il respirait qui était, quoi que l'on en pense, différent de l'air que j'avais respiré depuis le début de ma vie. D'autres joueurs de soccer sont passés. L'un d'entre eux a claqué des lèvres pour imiter un bruit de baiser. Je me suis sentie rougir et j'ai baissé les yeux.

— Bon, eh ben..., a conclu Ethan.

Il semblait aussi embarrassé que moi.

— Je dois y aller... Il faut que je me change.

J'ai hoché la tête. J'allais dire : « À plus », quand il a ajouté, un peu vite.

— On devrait faire un truc ensemble, un de ces quatre ?

Vous pouvez rire, mais si un jour vous avez eu treize ans et un cœur prêt à s'emballer, vous comprenez parfaitement ce que j'ai éprouvé en entendant ces derniers mots. L'impression de m'envoler.

— Oh oui, bien sûr ! ai-je répondu.

Je n'osais pas le regarder, mais j'ai quand même levé les yeux, en souriant. Je me suis mordillé la lèvre supérieure pour contenir ce bonheur qui sans le moindre doute se traduisait sur mon visage.

— Alors, c'est d'accord ?

Lui aussi souriait largement.

— Oui, c'est d'accord.

Et l'on a continué de se sourire.

— Bon, ben alors... je te contacte vite, OK ? a-t-il conclu.

— Cool.

Là-dessus, il a filé. Ses chaussures à crampons ont claqué sur le sol. Je baignais dans une telle euphorie que j'aurais presque exécuté un pas de danse !

Je suis rentrée à la maison où j'ai retiré mon uniforme de pom-pom girl. J'ai passé le reste de la soirée à m'entraîner et faire des figures : bras en l'air à 45 degrés, bras baissés à 45 degrés, bras en l'air et tendus, et enfin, bras baissé, l'autre sur la hanche. J'ai fait le grand écart dans le couloir, puis j'ai conclu par une pose – les deux bras lancés triomphalement vers le haut – au beau milieu de notre salle à manger. Maman, qui m'observait, s'est réjouie de me voir de si bonne humeur. J'ai cessé mes exercices seulement lorsque Mariah a téléphoné. J'ai décroché dans ma chambre dont j'ai aussitôt fermé la porte. Je devais absolument lui raconter, pour Ethan.

Je nageais toujours dans le bonheur le lendemain matin pendant le cours d'algèbre tandis que Miss Yates radotait en parlant de racines carrées. Je faisais de gros efforts pour ne pas me laisser distraire par mes pensées.

Le jour de la rentrée, Miss Yates nous avait annoncé que si nous passions son cours haut la main, ensuite en quatrième, nous suivrions des cours de maths avec des lycéens de North City High School. Elle avait également précisé que l'algèbre, c'était comme les mathématiques qui nous étaient déjà familières : il fallait ajouter, soustraire et multiplier et diviser. À la différence qu'en algèbre, l'un des nombres était un mystère ou plus prosaïquement, une inconnue.

Miss Yates avait illustré ses propos par l'exemple suivant : $x + 4 = 9$.

— Qu'est-ce que x ? avait-elle demandé.

C'était une question stupide, car nous l'avons facilement découvert : x était égal à 5. Mais le but de Miss Yates avait été essentiellement pédagogique. Dès lors, j'ai compris qu'en algèbre, on utilisait ce qu'on savait pour découvrir ce qu'on ne savait pas : une inconnue.

Tandis que j'étais en cours d'algèbre et même si je n'avais d'autre désir que de songer à Ethan, au cheerleading et à Walt Disney World, je m'efforçais de rester concentrée sur les nombres et les chiffres dont Miss Yates couvrait le tableau. Du coin de l'œil, j'ai vu Yasmine lever la main.

Petite parenthèse. Lors de notre année de cinquième, Yasmine et moi nous avions cinq cours en commun : l'algèbre, l'anglais, l'histoire et la géographie et enfin SVT. On avait aussi notre pause déjeuner à la même heure. On passait donc presque toute la journée, chaque jour, ensemble. Dès le départ, il s'était établi un accord tacite : s'asseoir le plus loin possible l'une de l'autre, et éviter de se regarder. Tout réfléchi, ce n'était peut-être pas vraiment un accord tacite, mais plutôt une attitude de défi ? Genre : la première qui regarde l'autre a perdu ?

La cloche a sonné, le cours a pris fin. Nous avons refermé nos livres et je me suis approchée de mon casier pour prendre le manuel du cours suivant. De loin, j'ai vu un mot scotché sur la porte. De Mariah ? Ou peut-être d'Amber qui serait passée par le couloir des cinquièmes en se rendant au gymnase ? À moins que ce ne soit un mot d'Ethan (autant dire que je l'espérais de tout mon cœur) ? Je l'ai donc détaché avec impatience, souriant à mes pensées. *Je n'ai pas besoin de Yasmine pour avoir des petits mots d'amitié sur mon casier, organiser une soirée pyjama et me faire plein d'amis ! D'autres personnes m'en laisseront bien. Amber ou Mariah. De plus, je suis pom-pom girl ! Je chante et danse dans l'ensemble des Bluettes. J'ai la ferme intention de suivre des cours de maths niveau lycée, l'année prochaine, quand je serai en quatrième !*

Mais le message dont j'ai pris connaissance ne venait ni de Mariah. Ni d'Amber. Il comprenait cinq mots explicites.

Pas de sida à Clarkstown.

Je me suis soudain vue, avec une étrange netteté, dans ce couloir. Seule parmi les élèves qui ouvraient et claquaient les portes de leurs casiers, en sortaient des manuels et s'interpellaient. Ils avaient l'air heureux. Ils ne semblaient pas avoir conscience de ce qui se passait. Sauf un.

Utilise ce que tu sais pour découvrir ce que tu ne sais pas.

Malheureusement, il y avait beaucoup d'inconnues. Qui avait scotché ce mot sur mon casier ? Avait-il des complices ? Comment avait-il appris que j'étais séropositive ? Je ne savais pas de quelle façon acquérir le savoir nécessaire pour le découvrir.

Mais je savais au moins une chose : quoi qu'il se soit passé, l'année dernière, entre moi et Yasmine, quelles qu'aient été les conséquences du message anonyme qui m'avait été attribué à tort, ou du danger à boire après moi, ce n'était pas fini.

J'étais pom-pom girl, j'avais de nouvelles amies et peut-être même un petit ami, Ethan, si tout se déroulait comme je le souhaitais, mais cela ne suffirait pas à faire taire les mauvais esprits et à repartir de zéro. Au contraire. Le processus désormais enclenché ne s'arrêterait plus. Ce serait même de pire en pire.

La cloche a sonné. Chacun s'est précipité vers sa salle de classe. Le couloir s'est vidé. Soudain, plus personne. J'étais seule. J'avais toujours ce message sous les yeux. *Pas de sida à Clarkstown.* J'ai ressenti la nécessité de le jeter, de me débarrasser de cette feuille de papier.

Mais je n'avais pas non plus envie que d'autres voient cette note et la lisent. Donc je l'ai déchirée en mille morceaux. Puis je l'ai jetée dans la poubelle. Je me suis éloignée, puis, je suis revenue sur mes pas. J'ai enfoncé au fond de la poubelle les confettis de papier et je les ai recouverts d'emballages de barres énergétiques, et d'une bouteille. En même temps, je mordillais ma lèvre si fort que j'ai eu un goût métallique de sang sur la langue.

Si j'avais trouvé un moyen de mettre le feu à ce message, à cette poubelle, je l'aurais fait sans hésiter. Précision supplémentaire, je n'ai pas pleuré. Du moins, pas tout de suite. Je n'ai pas pleuré non plus quand j'ai fourré mes bouquins dans le casier ou lorsque j'en ai refermé la porte. Je n'ai pas pleuré quand je suis rentrée dans les toilettes des filles pour me réfugier dans un WC. Mais une fois la porte fermée, j'ai éclaté en sanglots. Mes yeux étaient rouges quand j'en suis finalement sortie pour arriver en retard et, de plus, sans un mot de l'administration, en cours de SVT. Yasmine et moi, nous nous sommes consciencieusement ignorées.

Quelques jours plus tard, en tenue de pom-pom girl – jupette bleue, polo blanc et rubans de rigueur – j'agitais mes pompons. Non loin, les joueurs de l'équipe de football s'entraînaient et s'échauffaient pour le prochain grand match contre Lincoln Middle School. Quelques minutes avant le coup d'envoi, les gradins étaient déjà pleins.

C'était le genre de journée que maman qualifie volontiers de « parfaitement parfaite » avec un soupir d'aise et de bonheur. J'aurais levé les yeux au ciel si maman m'avait accompagnée et si elle avait prononcé sa formule favorite. Mais je le reconnais, c'était vraiment une très belle journée. Ensoleillée, avec de beaux nuages doux comme de la barbe à papa.

Toutes les conditions semblaient réunies pour qu'aucun incident ne survienne et n'en ternisse la beauté. Mais le pire peut arriver à chaque instant, même par beau temps, voire par tous les temps.

Les autres pom-pom girls et moi faisions notre numéro habituel d'avant-match. Pas chassé à droite, à gauche. Saut, lancer les bras vers l'avant, battement, puis mains sur les hanches. Mon heure de gloire approchait ! Trois « bases » soutenues par un *back* allaient me lancer dans les airs et me rattraper. Cette acrobatie s'appelle *basket toss* et, lorsque vous êtes voltige, ce qui était mon cas, vous avez l'impression de littéralement vous envoler.

Pas chassé, volte-face et bras écartés en T.

J'ai regardé dans la direction des gradins dans l'espoir d'y repérer Ethan. J'y ai remarqué seulement des garçons de l'équipe de soccer. Ethan n'allait peut-être pas tarder ? Je l'espérais. Je voulais qu'il soit présent. Je voulais qu'il me voie en pom-pom girl.

Pas chassé à droite, pas chassé à gauche. Pas en avant. Pas en arrière. T, puis mains sur les hanches. Je tenais une forme incroyable ! J'étais super douée. Soudain, j'ai entendu mon nom dans le public. J'ai levé les yeux. Les garçons de l'équipe de soccer, Michael, Kyle et Devin riaient. Ils riaient même tellement, qu'ils étaient incapables de parler. Tandis que je faisais un pas chassé et tapais dans les mains, j'ai prêté l'oreille.

— *Paige !*

— *Paige !*

Il m'a fallu un bon moment avant de comprendre pourquoi ils se tordaient de rire rien qu'à prononcer mon prénom. Bras baissés à 45 degrés. Bras Croisés. Bras levés à 45 degrés. Puis j'ai compris. Ils ne criaient pas Paige, mais Paids.

— *Paids*[1] *!*

— *Paids !*

Taper dans les mains. Pas chassé. Bras droit levé, l'autre sur la hanche. Ils étaient pliés de rire. Kyle a remarqué que je le regardais et m'a fait signe.

— Hé, salut Paids !

J'ai détourné les yeux. J'ai perdu le rythme, mais l'ai retrouvé tout de suite. Se pencher en arrière. Moulinet des bras. Se pencher en avant. De nouveau, moulinet des bras. Maintenant que j'avais entendu crier Paids, je n'entendais plus rien d'autre. Et tandis que je continuais notre chorégraphie, un sourire plaqué sur les traits, je ne pensais plus qu'à ces garçons et à leur cri répété.

1. Jeu de mots entre AIDS (sida) et Paige.

— *Go Paids !*

Coup de sifflet. Le match allait commencer. J'ai vu, comme dans un ralenti, les garçons rejeter la tête en arrière, morts de rire à se moquer de moi. J'ai alors pensé à Ethan, et j'ai aussitôt espéré, de tout mon cœur, qu'il n'assisterait pas à ce match. Je ne supportais pas l'idée qu'il voie et entende les autres se moquer. Mon heure de gloire, le moment où les filles allaient me propulser dans les airs, approchait. Je me sentais décontenancée. Impuissante...

La première « base » a saisi son poignet gauche avec sa main droite, puis le poignet droit de l'autre « base » avec sa main gauche afin de former un carré et ainsi de créer une plateforme de lancement, pour que je monte dessus, m'y tienne debout et sois catapultée dans les airs. Les deux « bases » se sont baissées, prêtes déjà. Une troisième fille qui faisait office de *back*, est venue se placer derrière moi.

À moi de jouer !

J'ai donc posé mes mains sur les épaules des « bases » et me suis hissée sur la courte échelle formée par leurs mains. La fille dans le rôle du *back* m'a soulevée légèrement afin que je place aisément mon pied gauche sur la plateforme. Je me suis ainsi retrouvée en position accroupie. Enfin, elle a placé ses mains sous celles des autres afin de me procurer un soutien supplémentaire.

Ce mouvement s'est déroulé en l'espace de quelques secondes.

Pour réaliser cette figure, la concentration est la clé de la réussite. Je ne devais pas prêter attention au bruit ambiant, aux moqueries et aux rires susceptibles de me déstabiliser qui s'élevaient des gradins. Je devais absolument me concentrer.

Je l'ai déjà fait, me suis-je dit. *De plus, je me suis si souvent entraînée...* Prenant appui sur les épaules des filles, je me suis donc levée. Les « bases » ont plié les genoux, et je me suis sentie soulevée par elles.

Et voilà, c'est parti !

Nous n'avions qu'une seconde mais, encore une fois, la précision était capitale. Ensuite, les filles se sont redressées et ont lancé les bras vers le haut, me propulsant en l'air tandis que, simultanément, je me servais de mes jambes comme d'un ressort. Je me suis envolée. Je devais faire un saut carpé, c'est-à-dire monter les jambes à l'horizontale et me pencher en avant pour me plier en deux. De là, je devais garder la position carpée, écarter les bras de façon à les passer autour des épaules des « bases » qui me réceptionnaient. Le *back* devait rattraper ma tête et mon cou en douceur. Pour finir, je devais reprendre pied. Quand l'acrobatie est bien réalisée, elle donne une impression de facilité et de légèreté.

— Paids !

Est-ce à cause de ce dernier cri que j'ai raté mon saut carpé ? À moins que la pom-pom girl *back*, censée rattraper ma tête et mon cou, ait aussi été distraite ? À moins que cela ait été « la faute à pas de chance ». Parfois, un malheur en entraîne un autre, même par beau temps, lors d'un jour « parfaitement parfait ». Quoi qu'il en soit, la figure a été complètement ratée.

Je l'ai aussitôt compris. J'ai bien senti des mains rattraper mes jambes, mais pas ma tête, qui se rapprochait dangereusement du sol et entraînait mon corps vers l'arrière. Ce fut bref, à peine une fraction de seconde au cours de laquelle une pensée a surgi dans ma tête. *Oh là là ! On est mal, là. Vraiment mal.* D'instinct, j'ai rentré la tête dans mon cou pour éviter que le choc soit trop violent. En touchant le sol, j'ai cependant entendu un craquement dans mon dos.

C'est assez étrange de se retrouver dans cette position. Tous les repères et perspectives sont bouleversés, il faut s'en réapproprier d'autres. On a en effet l'habitude d'avoir un champ de vision horizontal où s'inscrivent des visages, des tableaux blancs, le mot *FILLES* sur les portes des toilettes ou encore *EMPLOYÉS* sur les badges des serveurs dans les espaces de restauration.

Et subitement, la focale change. La perspective devient verticale : les visages cèdent la place aux nuages, au ciel bleu voire à un avion, petit point volant haut dans ce ciel. Autour de ce cadre, des visages inquiets se penchent sur vous.

— Paige ? Paige ? Tu vas bien ?

Ensuite, l'on prend conscience d'autres détails : l'effroi dans les gradins, les murmures tout proches.

— Elle va bien ?

Et aussi.

— J'ai entendu un craquement quand elle est tombée...

Ou encore :

— Elle a peut-être un traumatisme crânien ?

Il y avait également la douleur. Le choc avait été si violent que j'avais envie de vomir. J'ai voulu me relever, on m'en a empêchée.

— Ne bouge surtout pas ! a ordonné une voix.

L'infirmière scolaire est arrivée, a examiné mes pupilles et m'a demandé où j'avais mal. J'étais toujours allongée, immobile. Puis elle a demandé que l'on me transporte à l'extérieur du terrain de football. On m'a emmenée loin des regards. Incapable de tourner la tête, je ne voyais que les curieux s'inscrivant dans mon champ de vision désormais rétréci.

Sifflet. Le match commençait. Quelqu'un a dû appeler les urgences parce que, peu après, j'ai entendu les sirènes et vu la lueur des gyrophares. L'ambulance est arrivée, et moi, je restais immobile, sur le dos, voyant, devant mes yeux et au travers du voile de mes larmes, un monde devenu flou. Car je pleurais. De douleur, de honte et de déception.

Des urgentistes vêtus de noir m'ont soulevée sur un brancard et m'ont transportée dans l'ambulance. Alors que je disparaissais à l'intérieur, j'ai aperçu Kyle et Devin. Épaules toujours arrondies, l'air détendu et cool, ils ne suivaient pas le match, ils me regardaient partir, assis de trois quarts sur les gradins.

Tournant la tête dans l'autre direction, j'ai aperçu Ethan, impassible, les yeux posés sur moi et sur cette scène épouvantable. Les portières de l'ambulance se sont refermées. Clarkstown a disparu de mon champ de vision. Et moi, j'aurais voulu disparaître pour toujours.

Ne laisse personne t'atteindre

Quand on est séropositif, on a l'habitude que votre santé soit l'objet de préoccupations constantes. Un simple rhume, banal chez une autre personne, peut en effet avoir, dans votre cas, de sérieuses conséquences, car l'on redoute toujours que le VIH affaiblisse votre système immunitaire au point de compliquer la guérison.

C'est pourquoi maman était aussi vigilante et s'inquiétait sans cesse de mon état de santé. Sitôt que j'avais un peu de fièvre, elle appelait le médecin. Je ne m'étonnais plus de cette attention de tous les instants.

Après ma chute, je ne suis pas retournée en classe pendant quelques jours. Mis à part des douleurs partout et un hématome dans le dos, j'allais bien. Le collège m'a envoyé une immense carte postale façon poster signée par de nombreux élèves. J'ai parcouru les noms parmi lesquels j'ai reconnu ceux de Michael Jepson, Kyle Walker et Devin Holt.

— Jette-la ! ai-je ordonné à maman.

Quand maman surprise m'en a demandé la raison, je me suis réfugiée dans ma chambre en claquant la porte. Je ne voulais pas retourner à Clarkstown ! Jamais ! Mais quand on est en cinquième, on n'a pas le choix...

Quelques semaines après mon retour en classe, j'ai de nouveau été absente. Oh ! pas longtemps. Rien de grave. Sinusite, nez pris, mal de tête et petite fièvre. Un classique du genre. Qui n'a jamais été enrhumé ? Mais quand je suis revenue au collège, j'ai constaté que les élèves m'évitaient dans les couloirs. Et au moment de sortir mes livres de mon casier, j'ai remarqué des filles qui se parlaient à voix basse. Elles me dévisageaient, indifférentes au malaise que leur attitude malveillante me causait.

Je me suis souvenue d'Amber nous apostrophant rudement, le jour de la parade des Colts. *Vous n'avez jamais rien vu ?* Mais je n'avais pas le caractère d'Amber, et je ne m'imaginais pas un seul instant avoir autant audace. J'ai donc rangé mes livres dans mon sac avec soin, avec l'impression d'être comme un animal au zoo.

— C'est quoi leur problème ? ai-je finalement marmonné à l'adresse de Mariah.

Cette dernière a soupiré.

— Yasmine a raconté que tu étais, genre, super malade.

J'ai refermé mon casier.

— Je n'y crois pas... ! ai-je grommelé. C'est vraiment une...

Je n'ai pas achevé. Yasmine ne voulait plus de mon amitié, j'avais compris le message, mais ne pouvait-elle pas me laisser tranquille au lieu de répandre des rumeurs sur moi ? À cet instant, un garçon joufflu en T-shirt gris qui n'était pas dans ma classe, mais que je connaissais de vue, s'est approché.

— C'est vrai que tu vas mourir ? m'a-t-il demandé.

— Mourir d'une sinusite ?

J'ai froncé les sourcils.

— On ne meurt pas d'une sinusite.

— Dégage ! est intervenue Mariah.

Le garçon a haussé les épaules et m'a répondu d'un air de défi.

— C'est ça, oui...

À l'évidence, il ne me croyait pas. Il s'éloignait quand Mariah a repris la parole.

— C'est l'horreur, la façon dont les autres parlent de toi. Tu devrais en parler à quelqu'un de l'administration. À Miss Fischer par exemple ? Ou à Miss Ward ?

— Oui. On verra.

J'ai repensé à ma dernière convocation dans le bureau de Miss Ward. Je m'y suis revue attendre maman en contemplant ses ongles vernis en rouge.

— Écoute, Paige, elles pourront t'aider mais seulement si elles savent ce qui se passe, a insisté Mariah.

— Oui, je sais.

J'ai donc frappé au bureau de Miss Ward. Pour la deuxième fois, je me suis assise sur la chaise en face d'elle. Miss Ward a croisé ses mains et a battu des cils (lourds de mascara).

— Alors, Paige, qu'est-ce qui t'amène aujourd'hui ?

Je lui ai parlé des bruits qui avaient couru sur moi pendant mon absence. Je lui ai parlé du message scotché sur mon casier – *Pas de sida à Clarkstown* – ainsi que les messages insultants de Lila, et de mon nouveau surnom – Paids. Je lui ai expliqué que Yasmine, autrefois mon amie, avait conseillé aux autres élèves (au moins à Mariah) de m'éviter. Je lui ai dit que j'avais l'impression de traverser un champ de mines.

Miss Ward m'observant avec un air interloqué, j'ai essayé de m'expliquer mieux. Bien sûr, je n'étais pas harcelée vingt-quatre heures sur vingt-quatre, sept jours sur sept, mais je n'en redoutais pas moins un dérapage à chaque instant. De nouveaux commentaires et des petits mots médisants sur mon casier. Je lui ai confié que je me sentais comme paralysée, que j'avais désormais peur d'aller au collège et que chaque matin j'avais mal au ventre. Que j'avais la sensation, à Clarkstown, de me trouver en terrain hostile. J'ai déclaré que ces appréhensions étaient nouvelles, car j'avais toujours aimé l'école. Je demandais sincèrement son aide. Je souhaitais qu'elle me propose un conseil et une solution pour mettre un terme à cette situation. En mon for intérieur, j'espérais qu'elle me dise, par exemple : *Ne t'inquiète pas, Paige, je m'en occupe, tu peux compter sur moi.* J'aurais été rassurée et eu la conviction que, bientôt, c'en serait terminé de ce cauchemar. Mais Miss Ward est restée immobile, et longtemps silencieuse. Quand elle s'est décidée à prendre enfin la parole, j'ai été surprise par sa réaction.

— Paige, tu ne crois pas que tu fais des histoires pour rien ?

C'était si étonnant que j'ai cru avoir mal entendu et compris. Mais Miss Ward a dû penser que son commentaire suffisait, car elle n'a rien ajouté. Moi, je restais figée. Attendant toujours.

— Tu sais que Yasmine est une excellente élève, a tout à coup ajouté Miss Ward.

De nouveau, un commentaire surprenant. J'ai retourné ces mots dans ma tête, leur cherchant un sens.

Yasmine est une excellente élève.

Mais moi aussi..., ai-je pensé. Cependant, je n'ai pas osé le dire tout haut. J'ai regardé par terre.

Miss Ward a hoché la tête avec tristesse et conclu par ces mots.

— Yasmine aurait pu être une bonne amie, tu sais.

J'ai cillé, fixant cette fois mes cuisses. J'y avais croisé les mains, adoptant ainsi la même posture que Miss Ward. *Elle aurait pu être une bonne amie*... Encore une fois, quelle était la signification de cette phrase ? Bien sûr, Yasmine aurait pu être mon amie, si... Si quoi au juste ? Quelle était la condition ? Si je n'avais pas été séropositive ? Si elle avait été plus gentille ? Si moi, je l'avais été ?

— Tu fais beaucoup de bruit pour rien en définitive, a ajouté Miss Ward, et j'entendais le mécontentement dans sa voix. Tu comprends ?

Non. Mais j'ai acquiescé. L'espace d'un instant, j'ai essayé de me voir avec les yeux de Miss Ward. Elle devait en permanence convoquer et recevoir une centaine d'élèves dans son bureau. Des garçons et des filles indisciplinés, à problèmes, comme l'avait souligné maman le matin de ma rentrée en sixième. Et du point de vue de Miss Ward, Yasmine était une élève modèle qui avait d'excellentes notes et un comportement exemplaire. De plus, elle jouait de la viole et pratiquait des sports collectifs. Enfin, elle venait d'une famille d'universitaire réputée pour son sérieux. Par conséquent, si moi je me plaignais de l'attitude de Yasmine, laquelle se comportait mieux que la plupart des collégiens de Clarkstown, sans doute était-ce moi qui créais le problème ? *Moi* qui, selon ses propres mots, faisais des histoires pour rien ?

Je me suis donc demandé si tel était le cas. La réponse s'est imposée instantanément. Non. Parce que les incidents dont j'étais la cible pouvaient avoir des conséquences néfastes et graves sur ma personne. Je ne peux expliquer pourquoi j'en avais une conscience aussi aiguë, mais je le savais. Ces incidents pouvaient avoir une issue dramatique si je ne réagissais pas pour y mettre fin.

Mais je ne savais comment l'exprimer.

— Merci, Paige, a alors conclu Miss Ward. Tu peux retourner en classe, maintenant.

Je me suis levée.

— Merci, ai-je dit avant de sortir.

De tous les regrets que je nourris, de tous les événements de ce passé qui, depuis, se sont rejoués dans mon esprit, c'est ce « merci » que je regrette le plus. Peut-être ai-je mal interprété l'attitude et les propos de Miss Ward, mais il n'en reste pas moins que mon interprétation a été la suivante : les faits que j'exposais créaient un faux problème. Leur récit provoquait des histoires. Telle était la perception de Miss Ward, j'imagine. En conclusion, je devais cesser. Ne plus me plaindre dorénavant. C'est ce que j'ai fait.

Désormais, tout le monde au collège savait que j'étais séropositive. Les élèves me montraient du doigt, par plaisanterie ou par jeu. Leur attitude évoquait celles des écoliers de primaires montrant du doigt celui ou celle qui a des poux. Je n'étais pas dupe, je surprenais des murmures dans les couloirs : « ... C'est elle qui a le sida... la touche surtout pas... »

Un après-midi, je me suis rendue à une répétition de notre ensemble chorale et danse. La date de notre excursion à Disney Word se rapprochait, nous achevions notre spectacle. Miss Kay au piano travaillait avec quelques garçons choristes d'un collège voisin. Michael et Kyle étaient parmi eux. Ces deux-là chantaient vraiment bien, en fin de compte. Les autres, dont de nombreuses Bluettes, étaient dispersées sur la scène.

Je m'en approchais quand Molly, qui était en quatrième, m'a souri. Molly, blonde aux yeux bleus, faisait partie du conseil des élèves. N'importe quel parent se serait réjoui que son enfant se lie d'amitié avec Molly. « Elle est super sympa ! », disait-on d'elle partout. « Vraiment géniale ! »

Seulement, le sourire qu'elle m'adressait n'était pas super sympa mais super méchant.

— Saluuuuut Paaaiige ! a-t-elle lancé avec emphase.

Les filles plus proches ont gloussé.

— Salut, ai-je répondu tête baissée.

Sans doute fière de son petit effet, Molly a regardé ses amies avant de reprendre à mon attention.

— Alors Paaaaiige comment tu…

— La ferme, Molly, on a compris, a coupé Amber. Si tu lui dis bonjour juste pour amuser la galerie, ferme-la.

Sur ces mots, Amber a fait un pas dans la direction de Molly, qui a aussitôt reculé.

— Paige ne s'intéresse pas à toi. Et moi non plus.

Molly a regardé ses amies, comme pour s'assurer de leur soutien. Un silence total est tombé. Miss Kay, à l'autre bout de la pièce, a même levé les yeux vers nous. Michael et Kyle aussi.

— Tu as perdu ta langue ? a demandé Amber avec mépris.

Là-dessus, Amber a secoué la tête avec mépris.

— Va te faire foutre, Molly !

— Amber ! s'est exclamée Miss Kay d'une voix tranchante.

— Quoi ? a repris Amber, sur la défensive maintenant.

— On ne parle pas de la sorte à Clarkstown ! s'est expliquée Miss Kay.

— D'accord, Miss Kay.

Amber a repris à l'attention de Molly.

— Va au diable, alors !

— Amber ! a répété Miss Kay d'un ton d'avertissement.

— Ça va, Miss Kay, j'ai compris, a dit Amber, plus calme. Désolée.

Mais elle a murmuré à mon attention.

— Ça en valait quand même la peine !

J'ai souri et ignoré l'attention générale braquée sur moi. Je me suis assise et j'ai sorti mon portable. J'ai envoyé un texto à Mariah. *Comment tu vas ?* Je n'avais rien d'autre à lui dire, mais textoter m'évitait de croiser et soutenir les regards.

Après la répétition, je suis partie avec Amber.

— Merci, pour tout à l'heure.

Amber a fait une petite grimace.

— Je ne supporte pas les hypocrites. Molly n'est pas ton amie et ne cherche pas à l'être. Alors c'est dégueulasse de raconter des saloperies sur toi, et de se moquer de toi pour se rendre intéressante en te saluant comme si vous étiez inséparables.

— Ah bon ? Molly et les autres parlaient de moi tout à l'heure ? ai-je demandé après un temps de réflexion.

Amber a haussé les épaules.

— Tu sais bien pourquoi.

Oui. Nous avons marché en silence et, soudain, j'ai pris une grande inspiration.

— Amber ? Dis, tu n'as jamais eu honte de ta mère ?

Amber s'est figée et m'a dévisagée. J'ai eu peur qu'elle ne se mette en colère mais elle paraissait plutôt surprise.

— À cause de sa SEP ?

— Ben oui.

— Bien sûr que non ! a-t-elle répondu.

Et elle était sincère. On s'est remise à marcher.

— Maman, c'est maman, a-t-elle repris. Elle n'a rien fait de mal.

Après un bref silence, Amber a ajouté d'une voix sereine.

— Mais c'est maman qui est parfois gênée... Je lui dis qu'il ne faut pas, mais tu sais ce que c'est.

J'ai acquiescé. Oui, je savais.

— Écoute, Paige, ne laisse personne t'atteindre, d'accord ?

— T'inquiète ! ai-je dit, levant le menton d'un air de défi pour le lui prouver.

J'essayais de ne pas me laisser atteindre. Vraiment j'essayais. Je faisais mes devoirs, je m'entraînais à réaliser des figures et acrobaties de cheerleading et, dans les couloirs, je souriais gracieusement, comme toute pom-pom girl digne de ce nom. Les week-ends, Mariah et moi, on se manucurait et vernissait les ongles, on se faisait des queues-de-cheval qu'on tortillait dans tous les sens. On riait comme des folles, après quoi on dévorait des chips au fromage à même le paquet en regardant la télévision. Je souriais à Ethan quand je le croisais au collège et parfois, le soir, on s'envoyait des messages : *Tu fais quoi ? Tes devoirs ?* J'acceptais les crèmes desserts destinées à ouvrir mon appétit que maman me tendait avec insistance et je l'écoutais me rappeler de prendre mon médicament quotidien. Elle et moi, nous chantions de la country au karaoké. En apparence, tout était normal.

Je faisais mon possible pour que la situation soit et reste normale, pour ignorer les provocations. Mais le lendemain, je me rendais à la cafétéria quand un garçon s'est approché et s'est planté devant moi.

— Salut, Paids !

J'ai eu envie de disparaître sous terre. Il n'a pas bougé. Il me souriait comme s'il me défiait d'agir ou de riposter. À moins qu'il n'ait voulu me prouver qu'il avait le pouvoir, et pas moi. J'ai eu envie de répondre, de crier une repartie, mais je n'ai rien trouvé. Je restais muette aussi quand j'entendais « Paids » dans les couloirs, « Paids » en SVT, « Paids » près des vestiaires du gymnase ou en arrivant en math.

Amber aurait su répliquer. Amber aurait dit quelque chose de ce genre : « Bonjour aussi, bande de connards. » Ou elle se serait rapprochée de ce garçon pour lui lancer ces mots : « Tu as envie que je t'en colle une ? » Je suis certaine que cette seule menace aurait suffi. Amber aurait peut-être dit aussi : « Casse-toi ! »

Dans tous les cas, Amber aurait agi et réagi. Elle n'aurait pas baissé les yeux et battu en retraite, en feignant de n'avoir rien entendu. Car telle était mon attitude.

Cette nuit-là dans mon lit, j'ai repensé au surnom humiliant dont on m'avait affublé. J'ai essayé de trouver un autre prénom avec lequel composer un mot-valise à partir de « sida ». J'ai même consulté Internet.

Il n'y en avait pas. Il n'y avait que Paige avec lequel former Paids. Comme si j'avais été destinée. Prédestinée à être appelée Paids. Le garçon qui m'avait provoquée, aujourd'hui, avait raison. J'étais impuissante à stopper le processus et à rassembler ce qui se dispersait peu à peu, et inexorablement.

Va-t'en

— Pourquoi les concours de Miss ? a demandé Ethan.

Nous étions chez lui, affalés sur le canapé du salon-salle à manger. Sa mère et son petit frère étaient aussi à la maison, mais invisibles pour le moment. Nous étions entre nous.

On jouait à des jeux vidéo de basket-ball, évidemment !

Ethan était meilleur que moi, ce qui n'avait rien de surprenant. J'étais sans cesse distraite par le public et les commentaires virtuels. Mon joueur dribblait trop lentement, tournait, cherchait à qui faire une passe. L'un des joueurs d'Ethan a dépassé le mien, lui prenant le ballon des mains.

— Ah zut !

— Désolé..., a laissé tomber Ethan.

Puis il a ri, le regard vrillé sur l'écran au mur. Son joueur dribblait maintenant vers le centre du terrain où il a effectué un tir en course.

— Vingt-sept à huit ! a-t-il énoncé sans me regarder.

— Arrête !

Mon téléphone a vibré. Je l'ai consulté. C'était un texto de maman : *Tout va bien ?*

— Ah zut, c'est ma mère.

J'ai répondu : *Super. On joue à des jeux vidéo.*

J'ai reporté mon attention sur Ethan.

— Bon, alors, on parlait de quoi ?

— De concours de Miss.

Il gardait toujours les yeux fixés sur l'écran.

— Tu parles ! Comme si tu t'y intéressais ! me suis-je exclamée.

Nouveau texto de maman : *Qui gagne ?*

— Je suis curieux, c'est tout.

J'ai textoté à maman : *Lui. Je dois te laisser*

— OK. Quelle était la question ?

— Eh bien... Les filles qui y participent, comment elles sont ?

— Marrantes. Il faut se déguiser. On rencontre des tonnes de filles.

Ethan a réalisé un tir à trois points et aussitôt le public est devenu hystérique. La musique a joué, ses fans se sont levés et l'ont acclamé, poings en l'air en signe de victoire.

— Tu gagnes de l'argent ? a-t-il demandé.

— En général, non. J'aime surtout participer.

— Parce qu'il faut se déguiser ?

— Eh bien...

C'était difficile d'expliquer ce qui me plaisait. J'aimais l'effervescence et l'agitation en coulisse, les rires quand on s'habillait ou vérifiait que notre coiffure était parfaite. J'adorais regarder Heather – elle et moi étions de bonnes amies désormais – se maquiller. Elle avait une telle adresse qu'on ne remarquait pas son maquillage, mais elle réussissait à se mettre en valeur, à révéler l'éclat de ses yeux ou son grand et beau front lisse. Les filles dans ma catégorie n'avaient pas encore l'autorisation de se maquiller, mais le jour venu, j'espérais avoir l'art et le talent de Heather.

J'adorais rencontrer les participantes venues de tout l'Indiana et issues de tous les milieux. Certaines vivaient des situations très difficiles et, lorsqu'elles répondaient aux questions des juges, manifestaient une force de conviction frappante : « J'envisage de faire médecine, plus tard », « J'aimerais devenir animatrice de talk-show », « Je veux aider les enfants dont le père a été blessé en servant notre pays, comme mon propre père. »

J'adorais ces filles, surtout celles qui avaient un objectif. J'aimais l'enthousiasme et l'animation, cette atmosphère indescriptible qui nous saisissait pendant l'attente en coulisse. J'aimais le calme incroyable qui ensuite m'envahissait lorsque j'entrais sur scène, sous la lumière des projecteurs.

J'aimais être avec maman pendant les préparatifs et ensuite la savoir dans le public, m'encourageant en silence.

J'aimais les concours de Miss parce qu'ils me donnaient une espèce de *contrôle* sur moi, sur ma vie et ma destinée. Ils me donnaient courage alors que les trois quarts du temps, je manquais d'assurance et perdais toute confiance. J'ai regardé Ethan et haussé les épaules.

— Et toi, pourquoi aimes-tu le basket ?

— J'adore tirer des paniers.

— C'est tout ?

Il a souri sans quitter l'écran des yeux.

— Pourquoi ? Ça ne suffit pas ? a-t-il repris.

— Alors ça te suffira de savoir que j'aime les concours de Miss, et que j'en aime tout.

Le visage de son petit frère a surgi par l'entrebâillement.

— Dégage, Jake ! a lancé Ethan d'un ton sans réplique.

Le visage a aussitôt disparu.

— J'ai dit : dégage ! s'est écrié Ethan.

Des bruits de pas se sont cette fois élevés dans l'escalier.

— Donc tu les aimes entièrement.

— Exact !

Il a marqué un panier à trois points, a gagné et arrêté le jeu. Il m'a enfin regardée.

— Tu as des photos ?

— Oh oui ! Maman en prend toujours beaucoup.

— Tu devrais les poster.

— Tu veux dire, sur Internet ?

— Non, sur un panneau d'affichage au collège, idiote !

Il m'a donné un petit coup de genou.

— Évidemment sur Internet ! a-t-il repris.

J'ai ri. Il a laissé son genou tout contre le mien. Autant dire que je ne pensais plus aux Miss ! Ethan s'est alors penché vers moi et a été tout proche. Il s'est rapproché encore et m'a embrassée. J'ai senti ses lèvres sur les miennes. C'était génial.

On a entendu du bruit dans l'embrasure de la porte et on a levé les yeux. Jake nous épiait. De nouveau. Ethan lui a jeté un coussin à la figure et son frère a disparu. On s'est regardés et on a ri. La cuisse d'Ethan était toujours pressée contre la mienne.

— Tu devrais vraiment poster des photos sur ton mur, m'a-t-il répété, retenant mon regard dans le sien.

J'étais heureuse à cet instant précis, sur ce canapé, chez Ethan. Avec Ethan.

— D'accord ! ai-je conclu.

Je l'ai fait le soir même. Je ne cessais de penser au sourire d'Ethan, à son petit coup de genou. Je revoyais sa gêne quand, au moment de partir et de rejoindre maman qui m'attendait devant chez lui, j'avais vu une photo de lui bébé dans le couloir. Je n'avais pas d'autre envie que penser et repenser à notre baiser.

J'ai publié certaines de mes photos préférées. Puis j'ai délaissé mon ordi pour faire mes exos de math – ces derniers temps, Miss Yates en effet était sur mon dos. Après mes devoirs, le dîner et la lecture, sans envie, de quelques pages du *Journal* d'Anne Frank, je suis revenue devant mon ordi. J'étais impatiente de voir si Ethan avait réagi et m'avait envoyé un ou plusieurs messages.

D'Ethan, rien. En revanche, une fille, qui n'était pas de Clarkstown, avait commenté l'une de mes photos. Je la connaissais à peine. En revanche, je connaissais bien sa sœur avec qui j'avais fréquenté les mêmes activités périscolaires. Les deux m'avaient semblé vraiment cool et sympas. Elles habitaient dans une grande maison blanche avec un petit porche à colonnes ; des haies bien taillées jalonnaient l'allée principale.

Une famille agréable, diraient la plupart des gens. Des filles gentilles. L'une d'elles m'avait donc laissé ce message. Elle avait fait une recherche sur mon nom, consulté mon profil alors qu'elle me connaissait à peine. Cette quasi-inconnue qui fréquentait une autre école que la mienne, avait laissé, sous ma photo, ces mots incompréhensibles.

Tu ressembles à une fille-mère du sida.

J'ai fixé cette phrase pendant longtemps avec l'impression d'être encerclée par une meute de loups. Au tout début, il n'y avait que quelques loups, maintenant, il y en avait de plus en plus. Là-dessus, je me suis levée et suis allée dans la salle de bains. J'ai claqué la porte et j'ai allumé la radio. J'ai tourné le robinet de la douche et me suis assise par terre, puis je me suis balancée d'avant en arrière.

Respire.

Je me suis balancée longtemps. Jusqu'à ce que la glace de la salle de bains se couvre de buée, jusqu'à ce que, à la longue, des gouttelettes provoquées par la condensation coulent sur le miroir, laissant de longues traînées. Je me suis balancée jusqu'à ce que je me fonde et me confonde avec le rythme de la musique. Enfin, je me suis levée, je suis revenue dans ma chambre et je me suis pelotonnée sous mes couvertures.

Peu après, maman a frappé à ma porte.

— Paige ?

Je suis restée immobile et silencieuse.

— Paige ?

Maman a entrebâillé la porte et elle est restée dans l'embrasure.

— La mère de Heather vient de m'annoncer que Heather s'était inscrite au concours National American Miss, dans la catégorie junior adolescent. Tu pourrais t'inscrire dans la catégorie préado ?

Je n'ai pas répondu.

— Toi et Heather, vous pourriez participer ensemble ?

J'ai grogné. Maman est venue s'asseoir à mon chevet.

— Ce serait sympa comme tout ! a-t-elle insisté.

Je me suis redressée. Soudain, j'étais furieuse. Furieuse que ma mère entre dans ma chambre et me propose une activité « sympa comme tout ».

— Fiche-moi la paix ! me suis-je écriée.

— Chérie, mais...

— Je ne veux pas participer à ton stupide concours de beauté !

— Eh bien, ce n'est...

— Tout ce que tu veux, c'est que je sourie et fasse comme si de rien n'était. Que j'agite la main et parade dans de jolies robes pour que tu puisses te rassurer et dire que tout va bien. Mais c'est faux ! Ça n'ira jamais, et je ne te dirai pas que ça va pour *te* faire plaisir !

Je lui ai arraché son papier des mains, je l'ai froissé et je l'ai jeté. Maman a ouvert de grands yeux.

— Paige, ce n'est pas parce que...

— Laisse-moi tranquille !

Ma voix était devenue suppliante, j'étais au bord des larmes.

— Sors, laisse-moi et ne me parle plus jamais de concours de Miss ! Je t'en prie, laisse-moi.

Maman s'est levée et m'a regardée avec tant d'inquiétude et de tristesse que je n'ai pu le supporter. J'ai tourné la tête.

— Je ne sais pas quoi faire, Paige...

— Maman... Je t'en supplie. Le mieux que tu puisses faire, c'est de me laisser.

Elle est restée longtemps immobile.

— Va-t'en. Laisse-moi tranquille ! ai-je répété.

— Bon... eh bien d'accord.

Je l'ai entendue se lever et ramasser le papier froissé. Puis, elle est sortie de ma chambre, et a refermé la porte avec douceur. Moi, je suis restée dans mon lit. Immobile.

Moche

Aujourd'hui, lorsque je feuillette l'annuaire de mon collège, j'ai du mal à effectuer la connexion entre les photos datant de cette époque et le sentiment douloureux qui m'étreint chaque fois que je repense à Clarkstown. Sur ces clichés en couleurs, je ne vois que des visages souriants, des ados pratiquant des activités typiques d'ado. Certains jouent de la trompette, pratiquent le tennis, chantent et dansent, costumés, sous le feu des projecteurs. J'y vois aussi des ados en bande, bras dessus bras dessous qui, l'air cool, adressent le signe de la victoire à l'objectif. J'en vois avec des casques de football, d'autres en train de lever la main en classe ou qui sourient dans le gymnase. Tous, sans exception, sont détendus et heureux.

Sans doute la plupart l'était.

Je figure sur la totalité des photos. Ici, en tenue de cheerleader, dans une attitude pleine d'assurance, mains sur les hanches et avec mes pompons bleu et blanc. Là, entourée par une vingtaine d'ados pendant un match de base-ball. Tout le monde semble rire ou hurler de joie. Sur ces photos, je souris.

J'ai l'air vraiment heureux.

Peut-être est-ce la Paige que Miss Ward et mes profs ont vue ? Peut-être est-ce la raison pour laquelle ils ont ignoré mes appels à l'aide et conclu que je n'étais qu'une faiseuse d'histoires, que je faisais un drame d'un rien ? Ils ont peut-être vu une jeune fille souriante et pleine de vitalité qui soutenait sans réserve l'équipe de basket-ball du collège, avait des amis et aimait participer à de multiples activités. Peut-être cela suffisait-il à les convaincre que ça allait bien ?

Peut-être ont-ils préféré croire ce qu'ils voyaient à ce que je leur racontais ? À vrai dire, je n'en suis pas si sûre. Pourquoi ? À cause du VIH et du sida.

En 1981, les médecins ont remarqué que de plus en plus d'hommes souffraient d'une forme rare de cancer de la peau appelé sarcome de Kaposi ainsi que d'une pneumonie également rare, *Pneumocystis carinii pneumonia* (PCP) ou pneumocystose pulmonaire. C'était incompréhensible : les patients chez qui ces maladies avaient été diagnostiquées étaient tous jeunes et en bonne santé. La communauté scientifique sait désormais qu'ils souffraient d'« infections opportunistes », c'est-à-dire d'infections profitant de l'affaiblissement du système immunitaire pour se développer. Nous savons aussi que la véritable cause en était le VIH. Mais à cette époque, nul ne le savait encore. La même année, le *New York Times* a évoqué, dans un article, la recrudescence du sarcome de Kaposi ; le journal précisait que 20 % des patients mouraient moins de deux ans après le diagnostic. Ah et j'oubliais, le quotidien ajoutait que les hommes contaminés étaient gays. C'était alors une tout autre époque de l'histoire des États-Unis. Les célébrités, people ou animateurs de télévision n'assumaient pas encore leur homosexualité ouvertement. Et encore moins les hommes politiques. Toujours en 1981, Billie Jean King, une joueuse de tennis professionnel très populaire, a révélé son homosexualité. Elle a dès lors perdu tout crédit et soutien. Aux États-Unis, la discrimination fondée sur l'orientation sexuelle restait légale : dans de nombreux États, l'homosexualité était un crime qui pouvait donner lieu à des poursuites. Elle était définie comme une pathologie, une maladie mentale, par la communauté médicale. Plusieurs années se sont passées avant que les médecins retirent les diagnostics fondés principalement sur l'orientation sexuelle.

La nouvelle d'un « cancer gay » s'est répandue rapidement. À la fin de l'année 1981, un nouveau cas par jour était diagnostiqué. Au milieu de 1982, lorsque la maladie a commencé à se répandre parmi les hétérosexuels, la dénomination a été abandonnée, mais la maladie n'a pas été pour autant acceptée. Car la majorité était constituée par des utilisateurs de drogues injectables qui avaient été contaminés en partageant des seringues.

C'est donc par le biais de populations marginalisées – homosexuels et toxicomanes –, que le sida a été découvert aux États-Unis.

Le diagnostic du sida jetait la honte sur ces malades et jusque sur les médecins qui les traitaient. De plus, les professionnels de la santé qui soignaient ces patients étaient parfois discriminés par leurs pairs. Le docteur Joel Weisman, l'un des premiers médecins spécialistes du sida, a un jour évoqué une conversation avec un collègue. Celui-ci, raconte Joel, a déclaré que si le sida supprimait « certains de ces gens-là » – à savoir les homosexuels, toxicomanes ou toute personne souffrant de cette maladie –, la société deviendrait meilleure.

Pendant longtemps, je n'ai rien su de tout cela : je continuais de penser que le VIH et le sida étaient un virus et une maladie comme les autres. Je connaissais des personnes qui souffraient de diabète, ou d'arthrite, d'hypertension, d'eczéma, de caries, de presbytie ou d'hypermétropie, etc. Peut-être que si j'avais compris, dès le début, que l'infection à VIH et le sida, à la différence de ces pathologies, étaient discriminants, j'aurais su et pu mieux faire face. Réagir.

Mais j'ai été une fillette docile et obéissante. Je n'ai plus jamais sollicité Miss Ward. En définitive, je ne faisais plus d'histoires pour rien.

En revanche, maman s'inquiétait. Elle laissait des messages à Miss Fischer, et passait à Clarkstown dans l'espoir de la croiser. Elle avait même laissé un mot à son intention à sa secrétaire, insistant pour que cette dernière le lui remette en main propre. Maman a continué de solliciter Miss Fischer par téléphone, mais jamais celle-ci ne l'a rappelée. Il est possible qu'elle n'ait pas eu ces messages. Ou qu'elle n'ait su comment y réagir.

Parfois, je me demande si la raison de ce silence, ce n'est pas tout simplement le VIH et le sida. L'administration scolaire se souvenait sûrement des années quatre-vingt, où VIH et sida étaient associés à la dépravation des mœurs, et touchaient des individus au comportement « déviant ». S'était-elle faite, inconsciemment, l'écho de cette représentation ?

Et si, à la seule mention de l'acronyme VIH, mon collège n'avait pensé qu'aux « populations marginales » de notre société ?

Yasmine est une excellente élève. (Moi aussi !)

Elle aurait pu être une bonne amie. (Eh bien, ce n'est pas le cas.)

Tu pourrais nier que tu es séropositive. (Je ne l'ai pas nié.)

Je me souvenais de mon année de sixième, du jour où j'avais été punie pour un éclat de rire intempestif. J'avais dû écrire une rédaction pour justifier les raisons pour lesquelles je ne devais pas être exclue pour avoir ri. À Clarkstown, le rire était un motif valable d'exclusion, mais pas la diffusion, dans tout le collège, de ma séropositivité et d'un surnom diffamant ? C'était insensé.

J'imaginais Yasmine en train d'imiter Miss Fischer.

Moi, Miss Fisher, je suis très fière d'être le principal de Clarkstown Middle School où le rire est un motif de punition ! En revanche, donner des surnoms blessants à un élève vous promet d'emblée une place dans l'équipe de basket-ball !

Quand cette pensée me venait, je riais, même si j'étais seule dans la salle de bains. Je riais comme une folle... Concrètement, d'ailleurs, j'avais l'impression de devenir folle. Surtout, j'avais le sentiment d'être désespérément, absolument seule.

Au milieu de l'année, mes notes ont commencé à dégringoler. J'étais de plus en plus souvent absente. J'oubliais mes devoirs, ou je les perdais. Je relisais six à sept fois le même paragraphe sans me souvenir de quoi il était question. J'avais sans cesse mal au ventre.

Miss Yates, mon professeur d'algèbre, s'acharnait contre moi. « C'est pourtant simple : soit tu travailles ton algèbre, soit tu ne le travailles pas ! », affirmait-elle pour couper court, sitôt que je me lançais dans des explications et justifications.

« Je vais travailler ! », déclarais-je. Et cependant, les nombres avaient cessé d'avoir du sens à mes yeux. Ces *x* et *y*, ces parenthèses et figures représentées sur le papier millimétré nécessitaient trop de concentration.

Je dois me concentrer ! me promettais-je cependant. *Si j'y arrive et si je parviens à garder mon regard fixé sur la page et à mobiliser toutes mes pensées, alors je réussirai à bosser mes maths !*

Mais je ne rendais pas le devoir suivant et Miss Yates, implacable, campait sur ses positions : « Sans un mot du médecin, tu redoubleras mon cours ! »

Je suis allée en consultation chez le docteur Cox. Elle a vérifié mes signes vitaux et palpé mon ventre.

— Mmm, a-t-elle conclu. Comment ça va, Paige ?

J'ai eu envie de lui parler. *J'aimais bien aller à l'école, mais plus maintenant.*

J'ai aussi eu envie de lui confier ce que j'avais ressenti, l'autre soir, quand j'étais allée boire un smoothie avec Mariah. Des inconnues avaient murmuré sur notre passage. J'avais surpris ces mots : « sida » et « pute ». J'avais aussitôt été envahie par la honte. J'aurais également voulu lui révéler que, récemment, Yasmine, Madison et Lila m'avaient téléphoné. J'avais reconnu leur voix : « Tu es trop moche pour être une Miss ! »

Ces trois filles, trois amies autrefois, faisaient corps contre moi. Un an plus tôt, nous étions quatre. Maintenant, j'étais seule contre les trois qui m'accablaient. Ce soir-là, j'avais essayé de trouver une réplique, j'avais désespérément essayé, mais rien n'était venu. J'avais serré mon téléphone, les imaginant ensemble.

Je ne comprends pas ce qui m'arrive. Tels étaient les mots que j'avais sur les lèvres. Je ne comprenais pas pourquoi je tremblais par moments, ou pourquoi je me réveillais au beau milieu de la nuit en train de grincer des dents et ne pouvais plus me rendormir. Je ne savais pas pourquoi je ne réussissais pas à me concentrer sur mes maths, pourquoi mon cœur battait à tout rompre, et à me faire mal.

Le docteur Cox m'a dévisagée avec attention en attendant ma réponse.

— Oh, ça va bien ! ai-je finalement déclaré avec un haussement d'épaules mais en lui dérobant mon regard.

Ma situation aurait pu être pire, n'est-ce pas ? Après tout, personne ne me poussait dans les escaliers ou ne me tirait les cheveux. Je savais que cela arrivait dans certains cas de harcèlement.

La bave du crapaud n'atteint pas la blanche colombe.

Ma situation deviendrait vraiment problématique dès que la bave m'atteindrait et m'empoisonnerait.

— Page ? a cependant insisté le docteur Cox d'une voix très douce.

Soudain, mes yeux se sont remplis de larmes, j'ai vu son bureau se gondoler. Je ne pouvais plus les retenir, elles montaient tandis que je répondais enfin.

— Ça va. Je vais super bien !

Quelques jours plus tard, j'étais de nouveau dans la salle de bains avec la musique à fond, le corps jeté dans ce mouvement perpétuel de bascule d'avant en arrière, d'arrière en avant. Je tenais un nouveau message. J'avais vu mon nom écrit sur les murs des toilettes des filles.

PAIGE A LE SIDA. Pute. Dégage.

Je serrais, entre mes mains, ce morceau de papier qu'on avait glissé dans l'un de mes cahiers. Dessus, deux mots. Différents du dernier message.

Pute. Salope.

Maintenant seule dans la salle de bains, je n'écoutais pas la musique qui s'élevait de mon poste de radio. Je ne pensais pas non plus à Clarkstown. Je n'étais consciente que de ce papier et des insultes, et aussi, de la paire de ciseaux à ongles en acier à bouts pointus rangée dans le tiroir supérieur.

Je veux ces ciseaux. Je veux les tenir. Sentir l'acier, la lame entamer ma peau.

J'avais envie d'en sentir le tranchant sur mes poignets. Ce n'était pas la première fois. J'ai continué de me balancer d'avant en arrière, d'arrière en avant, essayant de me concentrer sur la chanson qui passait à la radio.

I hope you know, I hope you know
That this has nothing to do with you
It's personal, myself and I
We've got some straightenin'out to do.[1]

Ces ciseaux... L'acier. Leurs pointes. J'en étais obsédée. Devenais-je folle ? Complètement folle ? Maman était dans la pièce voisine. Quelle serait sa réaction, à l'instant, si elle

1. Fergie, *Big girls don't cry.*

avait su combien j'étais obsédée par cette seule pensée ? Impossible d'imaginer qu'elle sache. Impossible de concevoir le choc.

J'ai revu le docteur Cox, son regard inquiet lors de ma dernière consultation dans son cabinet. Je m'étais sentie si coupable quand je lui avais raconté. J'avais eu l'impression de la trahir. Le docteur Cox m'entourait d'une telle sollicitude depuis des années. Je lui devais d'être heureuse et de vivre ma vie, cette vie qu'elle avait si précieusement protégée.

Les ciseaux. Les ciseaux. Les ciseaux.

J'ai reporté mon attention sur le papier chiffonné entre mes mains. Je l'ai serré au creux de ma paume pour en former une boulette. Je tremblais de tout mon corps. Et soudain, j'ai eu la plus étrange des sensations. Comme si plus rien n'était réel. Ni le papier au creux de ma main. Ni la musique m'enveloppant, ou le néon au-dessus de ma tête.

C'est au point que même moi je n'avais plus aucune réalité. J'avais l'impression de me voir de très loin, de regarder un film qui racontait l'histoire d'une fille obsédée par la pensée de la lame des ciseaux sur ses poignets.

Le calme m'a alors envahie.

Je me suis levée, j'ai éteint la radio et suis revenue dans ma chambre avec le message. Arrivée là, je l'ai déchiré en mille morceaux. J'ai enfoui ces confettis dans un mouchoir en papier que j'ai jeté. Puis je me suis allongée sur mon lit, bras et jambes serrés.

Les tiares que j'avais gagnées, lors des concours de Miss, étaient posées sur ma coiffeuse. Mon sac de classe rempli de livres gisait par terre.

Je me suis vue, regardée allongée là. Immobile.

Première pseudo-crise épileptique

La saison du basket arriva. Nous autres, les pom-pom girls, on venait de changer de tenue. La plupart des filles quittaient le vestiaire. Pas moi. Moi j'y suis restée. J'avais mal au ventre. Amber sur le point de sortir s'est retournée.

— Tu viens, Paige ? Vite !

Je me suis levée du banc. Je l'ai suivie dans les escaliers du gymnase, ma jupe bleue des Wildcats froufroutant à chaque pas. Le public rassemblé dans les gradins formait comme une mer de bleu et de blanc. Aujourd'hui, élèves et professeurs, frères et sœurs ainsi que les membres de notre petite communauté étaient venus nombreux acclamer et soutenir notre équipe de basket. Je n'ai pas repéré maman dans la foule.

J'avais tellement mal au ventre… La douleur allait-elle empirer ? J'espérais que non. L'excursion de notre ensemble choral et danse à Walt Disney World approchait. Je ne pourrais être du voyage si j'allais aussi mal.

Les joueurs de l'équipe de basket se sont échauffés, chacun son tour a travaillé le tir en course. Kyle Walker a facilement marqué et fait une passe à Michael Jepson. Michael Jepson. « Un type super cool. » C'est ce qu'on disait au collège.

Les gens continuaient d'affluer dans les gradins. Je me suis dévissé la tête pour voir si maman arrivait. Toujours pas là.

Sur le mur le plus éloigné, au-dessus du panier se trouvait notre mascotte, un *wildcat*, un chat sauvage, peint en bleu. Sa gueule grande ouverte le représentait rugissant. Plus près de moi, il y avait le panneau d'affichage des points, et le drapeau américain.

Les semelles en caoutchouc des chaussures de basket crissaient sur le sol du gymnase. L'arbitre a sifflé le début du match, nous avons pris nos places. Pieds écartés et mains croisées derrière le dos. Fin prêtes. Amber était devant moi. Je la voyais bien, je voyais également bien la foule. J'entendais le bruit.

Puis c'est arrivé. J'ai senti un flot de chaleur fuser, se répandre dans mon ventre comme de la lave puis se propager de la tête aux pieds. Aussitôt après, j'ai été comme enveloppée par un souffle humide et glacé, et je me suis rendu compte que je transpirais. Je me suis mise à trembler, comme une feuille, et me suis aperçu que mes jambes flageolaient et semblaient désormais trop faibles pour supporter le poids de mon corps.

Comment avaient-elles pu un jour me porter ?

Amber s'est retournée pour me parler mais j'étais en proie à un tel sentiment de mal-être que je n'entendais plus rien. Ce qui m'entourait de près ou de loin semblait être devenu vert-de-gris, les clameurs de la foule et les sifflets paraissaient venir de loin. Amber s'est approchée de moi.

C'est la dernière chose dont je me souviens. Car après, plus rien. Tout le monde, le monde ont disparu.

C'est arrivé tel que je viens de le relater. À un moment donnée je fixais la gueule ouverte d'un chat sauvage sur un mur en parpaing dans le brouhaha général et l'instant suivant j'étais aux urgences, avec des électrodes collées sur le corps et reliées à des fils à leur tour connectés à un dispositif médical qui bipait et clignotait.

J'ai immédiatement compris que j'étais à Riley. Amber et maman étaient à mon chevet. Je ne savais pas combien de temps s'était écoulé depuis que j'avais perdu conscience. La vue de maman m'a bouleversée. Son visage était marbré de plaques rouges, des larmes roulaient, son nez coulait. Elle avait dû mal l'essuyer, parce qu'il y avait une grande trace humide sur une joue.

J'ai demandé :

— Que s'est-il passé ?

Maman a hoché la tête.

— Tu as eu une crise d'épilepsie.

— Tu m'as fait une peur bleue ! a enchaîné Amber.

Ceci explique donc cela, ai-je conclu. Tout à l'heure, j'étais dans le gymnase, maintenant à l'hôpital. Entretemps, j'avais eu une crise d'épilepsie. Mais pourquoi ?

— Amber est montée avec toi dans l'ambulance, a expliqué maman.

— On m'a dit que je n'avais pas le droit, mais je suis montée quand même ! a précisé Amber.

Maman lui a serré la main chaleureusement.

— Amber a ensuite insisté pour rester avec toi aux urgences.

Là-dessus, elle l'a regardée avec incrédulité.

— Je ne sais toujours pas comment tu as réussi à convaincre le personnel médical !

Amber a levé les épaules.

— J'ai affirmé qu'il était inadmissible de laisser une fille de treize ans seule dans un couloir d'hôpital ! Autant vous dire que ça leur a drôlement cloué le bec.

Maman a souri à Amber.

— Tu es une vraie amie !

— Mais pourquoi est-ce que je… ? suis-je intervenue.

— Nous ne le savons pas encore, Paige, a répondu maman. Mais maintenant, au moins, ton état est stable. C'est le plus important.

Les médecins ont effectué de nombreux examens. Analyse de sang. Électrocardiogramme. Ils ont examiné mes pupilles et m'ont demandé d'agiter mains et pieds. Ils m'ont posé des questions : est-ce que je reconnaissais maman ? Quel âge avais-je ? En quelle année était-on ? Ils m'ont fait un examen cérébral, après m'avoir introduite dans une espèce de tube géant assez bruyant, où je devais rester parfaitement immobile. Ils m'ont enfin demandé de me tenir debout, les yeux fermés et de serrer les poings.

Après, je suis rentrée à la maison. Amber a passé la nuit chez nous. Maman a réchauffé un reste de soupe, et toutes deux se sont installées à la cuisine pendant que j'allais au lit. Quand Amber est venue à son tour se coucher, je dormais déjà.

— Je veux être près de Paige au cas où, madame Rawl, avait déclaré Amber à ma mère.

Du coup, elle n'avait pas fermé l'œil. Le lendemain, Amber est allée à Clarkstown et moi, je suis retournée à Riley pour avoir le résultat des examens de la veille.

Tout allait bien mais rien n'allait plus. Soulagement ? Ou pas ?

À la fin de la journée, Amber est repassée à la maison et je lui ai fait un compte rendu des conclusions des médecins. Je lui ai révélé leur diagnostic : crise psychogène non épileptique (CPNE), de son petit nom : pseudo-crise épileptique.

Je me suis lancée dans les explications : ce qui m'était arrivé dans le gymnase arrivait parfois aux vétérans de guerre, aux mères qui se battent pour obtenir la garde de leur enfant, en résumé, à toute personne qui subit un stress violent depuis trop longtemps. Amber est restée silencieuse pendant un bon moment.

— Merde alors, a-t-elle conclu, je ne savais pas que c'était à ce point-là.

Ne le dis à personne

Peu de temps après, nous nous sommes envolées pour Walt Disney World. Nous avons traversé la moitié des États-Unis en avion pour chanter au parc Magic Kingdom. Ce voyage et ce séjour promettaient d'être géniaux.

Ils l'ont été. Du moins, au début.

La veille de notre départ, Amber a dormi chez nous. On s'est réveillées tôt, on était surexcités. « C'est le grand jour ! », s'est exclamée Amber quand mon radio-réveil s'est déclenché. Dans ma chambre plongée dans l'obscurité à cause des volets, j'ai simplement murmuré : « Yess. » On s'est préparées ensemble. (Fer à lisser pour moi, simple queue-de-cheval pour Amber, sweat gris à capuche pour moi, rouge pour Amber, complément alimentaire pour moi et bol de céréales pour Amber.) Maman, qui devait être du voyage en tant qu'accompagnatrice, a été nerveuse toute la matinée. Excitée à sa façon sans doute. Je faisais mon lit quand j'ai entendu Amber crier.

— Oh là là, je rêve !

Puis elle a continué.

— Incroyable ! J'y crois pas ! Waouh !

J'ai entendu maman éclater de rire, et je les ai rejointes. Juste devant chez nous était garée la plus grande limousine que j'avais jamais vue. Étincelante, noire et surtout, complètement déplacée devant notre maisonnette en briques.

— J'y crois pas ! me suis-je exclamée à mon tour.

Maman était radieuse.

— Je me suis dit que nous devions nous rendre à l'aéroport avec classe !

J'ai poussé un cri de joie et aussitôt serré maman dans mes bras. Une *limousine* ! Maman qui, invariablement, consentait à tous mes désirs, réussissait encore à me faire des surprises. Quelques instants plus tard, le chauffeur a chargé nos bagages dans le coffre. Nous sommes montées à l'arrière du véhicule aux plafonds dotés de lumières colorées, avec ses bouteilles de soda et d'eau, et sucreries à disposition. On a mis nos lunettes de soleil et pris nos aises.

— Ma chère Amber, ai-je déclamé d'un ton affecté. J'aime voyager avec classe, pas vous ?

— Eh bien, n'est-ce pas la seule façon de se rendre à l'aéroport ? a répondu Amber l'air snob et arrogant.

Pendant la route, nous avons eu l'impression d'être des stars.

— Si des gens nous suivent des yeux, n'y prête pas attention, m'a conseillé Amber. Il faut avoir l'air blasé, comme si on se baladait toujours en limousine.

— D'accord !

C'est ce que nous avons fait. Lorsque le chauffeur a ouvert la portière, nous sommes descendues avec un air nonchalant, comme si c'était notre ordinaire, comme si nous nous envolions pour la Floride régulièrement. J'ai senti les regards sur nous.

À Orlando, Amber et moi avons partagé la même chambre. Maman, à un autre étage, partageait la sienne avec l'une des accompagnatrices. Nous avons à peine fermé l'œil tant nous étions heureuses. On a parlé de l'atterrissage de l'avion, qui était occupé à moitié par des élèves de Clarkstown. On a évoqué le programme du lendemain, lorsque l'on chanterait dans le parc d'attractions, de l'instant où le rêve deviendrait réalité. Imaginez un peu, *on y était* ! À Orlando. En Floride. À l'hôtel. Dans notre propre chambre ! Demain, on chanterait à Walt Disney World !

Le matin venu, lorsque toutes les deux nous avons frappé à la chambre de maman, je m'attendais à la voir rayonnante aussi, mais elle avait le visage fermé et le cou marbré de rouge, signe de colère chez elle.

— Maman ? Qu'est-ce qui se passe ?

— Rien, a-t-elle répondu d'un ton cassant.

Maman est incapable de cacher ses émotions, c'est l'être le plus transparent au monde.

— Dis-moi ce qu'il y a ! ai-je insisté.

Silence. J'ai lancé un regard à Amber.

— Maman ?

— On m'a fait une blague par téléphone, dans la soirée, a-t-elle enfin répondu.

Elle écumait de colère.

— On vous a téléphoné dans votre chambre ? a demandé Amber.

Maman a hoché la tête, les narines gonflées. Quoi qu'il se soit passé, elle restait furieuse. Nous sommes descendues dans la salle du petit déjeuner de l'hôtel pour rejoindre les autres élèves de Clarkstown. Maman les a survolés du regard.

— Qu'est-ce qu'on t'a dit ? ai-je murmuré.

— Madame Rawl ? a insisté Amber. C'était des ados ?

— Oh oui. Des garçons précisément.

Maman a observé les collégiens qui se préparaient des bols de chocolat chaud. Non loin, un type en costume cravate essayait de se frayer un chemin, dans la foule, vers la machine à café. Je me suis sentie désolée pour lui. Désolée pour les clients de l'hôtel. Nous étions si bruyants...

— Maman, qu'est-ce qu'on t'a dit, à la fin !

Mais déjà, Miss Kay agitait la main pour attirer l'attention.

— Les navettes sont arrivées pour nous conduire au parc ! Je vous prie de vous mettre en rang et de garder à l'esprit que vous représentez Clarkstown.

On est sortis de l'hôtel.

— Maman ? Alors ?

Maman a froncé les sourcils.

— Voilà ce qu'ils ont dit : « C'est vrai que votre fille a le sida ? » Et ils ont ri comme si c'était la blague du siècle.

— Oh…, a commenté Amber consternée.

— Ils ont rappelé. Cette fois, quand j'ai décroché, je leur ai annoncé que j'allais demander à la réception d'identifier l'origine de l'appel, ils ont raccroché immédiatement. Très drôle, oui. Ma fille est séropositive, et certains pensent que c'est à mourir de rire.

Nous sommes montées dans le bus et nous y sommes installées. Michael et Kyle étaient assis deux rangs derrière nous et riaient avec d'autres garçons. Maman a pincé les lèvres et lancé d'une voix très forte, de façon à être entendue.

— Si jamais je découvre les auteurs de l'appel anonyme de cette nuit, et des horreurs qu'ils ont proférées, ils iront au-devant de gros ennuis.

Amber a éclaté de rire. Pas moi.

— Maman, par pitié..., ai-je commencé.

— Désolée, mais je suis *absolument* folle de rage !

Elle parlait si fort...

— Petits *cons*, a-t-elle ensuite conclu.

J'ai croisé les yeux d'Amber, qui m'a souri, amusée. Puis la navette s'est mise en route. Tout le monde parlait, sauf maman, Amber et moi. Nous n'avons pas dit un mot jusqu'à notre arrivée au parc d'attractions, jusqu'à ce que l'on soit en vue des sculptures végétales en forme d'animaux.

C'est alors que maman m'a regardée. L'expression de son visage avait changé et exprimait moins de colère et plus de tristesse.

— Voilà donc ce que tu vis, Paige...

J'ai compris l'allusion. Si des élèves avaient un tel comportement à l'égard d'un parent, que me réservait-on en son absence ? Maintenant, maman ne cachait plus son inquiétude. Le bus a ralenti à la vue des grilles. La question de maman restait suspendue dans les airs. *Voilà donc ce que tu vis, Paige.* J'ai haussé les épaules.

— Bof, je ne sais pas. Parfois. Mais ça va.

On a chanté sur une grande scène en plein air devant laquelle avaient été alignées des chaises. Le plus drôle, c'est que nous n'avons eu quasiment aucun public. Il s'avère que, lorsque les gens se rendent à Walt Disney World, ils sont plus intéressés par les attractions du parc que par le spectacle de collégiens de l'Indiana.

On a chanté *Blue Skies, Pennies from heaven* et une chanson chorégraphiée. En définitive, cela ressemblait aux concours des Miss, sauf que c'était en plein air, et non dans un hôtel, et que les spectateurs étaient peu nombreux. Maman a pris quelques photos avec son portable. De la voir seule et entourée par ces chaises vides m'a attristée.

Si seulement ces garçons ne l'avaient pas appelée. Si seulement ils avaient laissé maman tranquille. M'insulter, c'était une chose. Mais mêler maman, qui n'avait jamais eu d'autre ambition que de me rendre heureuse, à une histoire de collégiens, c'était une tout autre chose. C'était comme si ces garçons lui avaient jeté à la figure son incapacité à faire mon bonheur. Maman avait raison. Quelque part, une frontière avait été franchie. Tout partait en vrille.

Ce soir-là, j'ai eu une nouvelle pseudo-crise épileptique. J'étais dans la chambre d'hôtel et j'avais une canette de soda à la main. Je comptais désormais un certain nombre de pseudo-crises épileptiques à mon actif. J'en avais eu au supermarché. En voiture, avec maman. Au centre commercial et dans les couloirs du collège. Il m'arrivait d'en avoir le matin au réveil. Maman me retrouvait immobile dans mon lit, incapable de bouger ou d'établir un contact visuel. Désormais, j'en reconnaissais les signes avant-coureurs. J'éprouvais un étrange sentiment de distanciation par rapport à la réalité en même temps que le monde semblait s'évanouir. J'ai lâché ma canette de soda et suis restée immobile, silencieuse.

— Paige ? a demandé Amber. Cela recommence, Paige ?

Ses mots semblaient venir de loin. Son visage, la chambre et le mobilier sont devenus vert-de-gris. J'ai eu froid, puis j'ai été en sueur et je me suis sentie moite. Enfin, tout a disparu.

Lorsque je suis revenue à moi, j'étais allongée sur mon lit. Amber et maman étaient à mon chevet. Maman m'a expliqué qu'Amber m'avait retenue, afin d'éviter que je ne me cogne la tête en tombant. Puis elle m'avait portée sur mon lit. « Ce n'était rien, tu pèses à peine plus lourd qu'une plume ! », a-t-elle déclaré avec un geste désinvolte. Après quoi, elle était allée chercher maman, et toutes les deux étaient restées à mon côté jusqu'à ce que je retrouve mes sens.

Maman s'efforçait de me sourire, mais je ne voyais que la tristesse dans son regard. J'en ai été bouleversée. Maman avait loué une limousine, dépensé beaucoup d'argent pour cette excursion à Walt Disney World et tout cela pour quoi ? Chanter devant un public quasi inexistant, recevoir des coups de fils anonymes le premier soir et, le second soir, se précipiter dans la chambre de sa fille qui avait eu un malaise.

J'ai culpabilisé. Je me sentais impuissante parce que je n'avais pas su lui épargner la tristesse, l'anxiété et le canular téléphonique des garçons.

Au retour, de l'aéroport jusque chez nous, nous avons simplement pris un taxi. On n'a pas parlé non plus. On a observé, par les vitres, les panneaux routiers, les semi-remorques. On se souvenait de notre route en limousine, à l'aller, et de notre joie. Cela semblait remonter à cent ans, et non à deux jours à peine.

La dernière fois où je me suis rendue dans le bureau de Miss Ward, c'est parce que j'y ai été convoquée.

Qu'est-ce que j'ai fait encore ? me suis-je interrogée en remontant le couloir. *Je ne me suis pas plainte de harcèlement depuis qu'elle m'a demandé de ne plus faire d'histoires pour rien.*

Quand je suis entrée dans son bureau après avoir frappé, j'ai vu Ethan. Ça m'a scotchée. Ethan ne m'a pas regardée.

Mais enfin, qu'est-ce que j'ai encore fait ?

— Paige ? a commencé Mis Ward. Je pense que nous avons un nouveau problème.

Elle m'a montré la chaise à côté d'Ethan. J'y ai pris place.

— Ethan est venu me relater un incident qui vient d'avoir lieu.

Cette fois, Ethan m'a effleurée du regard. Impossible de savoir ce qu'il pensait. Miss Ward a ensuite exposé les faits. Au moment où Ethan était rentré dans la cafétéria à l'heure du déjeuner, un garçon lui avait lancé ces mots : « Moi, je serais à ta place, je n'embrasserais pas Page, j'aurais peur d'attraper le sida. » Les autres avaient ri : « Ethan va avoir le sida ! » Certains ont même ajouté : « Moi, je parie qu'il l'a déjà. »

L'écoutant, je me suis sentie rougir. Ethan gardait quant à lui les yeux baissés et n'a pas dit un mot. Quand Miss Ward a eu fini son récit, un silence gêné est tombé. Miss Ward a croisé les bras.

Il ne manquait plus que ça, ai-je pensé.

— Ethan a donc décidé de venir me trouver.

Puis elle s'est adressée précisément à moi.

— Paige, j'ai déjà appelé les parents de l'autre garçon, et je me suis entretenue avec eux. Mais à mon vif regret, je vais devoir contacter ta mère.

Pourquoi ? Je n'étais pas en cause ? Je n'étais pas non plus responsable de ce qui venait de se passer ? Je n'avais même pas assisté à la scène dans la cafétéria ! Mais pour une raison inexplicable, Miss Ward avait éprouvé le besoin de me convoquer dans son bureau et, par-dessus le marché, elle ressentait maintenant la nécessité de téléphoner à ma mère.

Il ne me restait plus qu'à rester là et attendre. Elle a renvoyé Ethan en cours, qui a évité de me regarder et ne m'a pas dit un mot en sortant. De là, Miss Ward a composé le numéro de ma mère, et j'ai regardé ses ongles longs glisser sur les touches du cadran. Elle a expliqué la situation à maman.

— Mmm-mm. Oui. Je vais lui dire de retourner en classe. D'accord. Je vais également m'assurer que Miss Fisher aura votre message. Très bien madame Rawl. D'accord. Au revoir.

Elle a raccroché et m'a regardée.

— Tu peux y aller.

Je me suis levée.

— Je ne sais vraiment pas quoi dire, Paige..., a-t-elle ajouté.

J'ai hoché la tête et suis sortie.

Cet après-midi-là, avant l'entraînement de cheerleading, j'ai aperçu Ethan devant le gymnase.

— Salut, ai-je dit en ralentissant le pas.

— Salut, a-t-il répondu.

Il était tout rouge. Je l'aimais tellement. Je l'aurais volontiers embrassé, là, tout de suite. Je lui étais reconnaissante d'avoir signalé l'incident de la cafétéria à Miss Ward et ainsi défendu mon honneur, même si la situation était humiliante.

Puis une pensée m'est venue à l'esprit : *Ils vont tous voir !* J'allais montrer aux autres que j'avais le droit d'avoir un petit ami, comme n'importe qui. Ils pouvaient dire ce qu'ils voulaient, mais Ethan m'avait choisie, moi.

Je voulais traverser la cafétéria main dans la main avec lui afin que tout le monde nous voie. Rétrospectivement, je me dis que c'était une idée stupide et ridicule, mais à ce moment-là, je n'avais pas d'autre envie, à tel point, d'ailleurs, que j'aurais pu glisser un petit mot dans ma chaussure pour sceller mon vœu, comme le jour où j'avais remporté la victoire au concours de Indiana Sweetheart.

Ethan et Paige montreront qu'ils s'aiment devant tous les élèves de ce collège !

Ethan a baissé les yeux.

— Désolé pour ce qui s'est passé aujourd'hui.

J'allais lui dire qu'il n'avait pas besoin de s'excuser, qu'il avait juste relaté les faits. J'allais lui proposer d'oublier, en espérant que c'est ce qu'il ferait. *Passons à autre chose, tu es mon petit ami, je suis ta petite amie, et le reste on s'en fiche.*

Mais au même instant, il a repris avec calme :

— On reste ensemble, mais pas la peine de l'ébruiter.

Je me suis figée. Ethan a ajouté d'une voix rapide :

— Ne le dis à personne.

J'ai regardé, par-dessus son épaule, dans la direction du gymnase, où les joueurs de l'équipe de basket s'échauffaient.

— D'accord, ai-je répondu comme si cela m'était égal. OK. C'est bon.

Rouge

Voici la lame. Voici ma peau.

C'était drôle – en réalité, ça ne l'était pas le moins du monde –, la façon dont ce leitmotiv me rappelait un jeu auquel je jouais, autrefois.

Voici l'église. Voici le clocher.

Voici la lame. Voici ma peau.

Ouvre et regarde tout le monde.

Ouvre et laisse le sang couler.

Voilà comment c'est arrivé la première fois. C'est simple : je me suis entaillé la peau jusqu'à ce que je saigne.

Ce jour-là, j'étais dans la salle de bains, la musique hurlait. Maman avait renoncé depuis longtemps à frapper à la porte quand je m'y enfermais avec la radio à fond. Elle me laissait tranquille jusqu'à ce que je finisse par en sortir. Ensuite, elle venait sur le pas de la porte de ma chambre et parlait de tout et de rien, regardant d'un air inquiet partout dans ma chambre.

Mais tant que j'étais dans la salle de bains, elle ne me dérangeait pas. À ce moment-là, j'étais donc seule.

La musique était forte, ma peau était blanche et mon sang était rouge. Je ne sais pas – et d'ailleurs, je ne le sais toujours pas –, si j'essayais de me faire du mal. Essayais-je d'éprouver quelque chose ? C'était comme si je me sentais engourdie et que je n'avais d'autre moyen pour ressentir des sensations. À moins que ce ne soit l'opposé ? La lame n'était peut-être qu'une diversion pour ne plus éprouver un mal qui était devenu ma normalité. Ma nouvelle normalité. Une normalité faite d'anormalités.

C'est comme lorsque l'on ne distingue plus le chaud du froid. Il arrive que les sensations de « froid », « chaud » et d'« engourdissement » se confondent au bout d'un temps. En revanche, vous pouvez nettement faire la différence entre le rouge du sang et le blanc de la peau.

Voici la lame. Voici la peau.

J'ai entaillé l'épiderme, pas trop profondément, afin d'arrêter vite le saignement. J'ai obtenu le résultat escompté, le sang a coulé. À la vue de mon sang bien rouge, j'ai ressenti quelque chose de différent. Du moins, autre chose. Finalement, peu m'importait qu'il y ait *quelque chose* ou *rien*. Quoi qu'il en soit, c'était un soulagement. Le calme m'a alors envahie. J'ai éteint la radio et observé mon sang, écouté le bruit de ma respiration. (C'est amusant, on ne pense jamais assez que le souffle, c'est la vie.)

J'ai pressé du papier toilette sur mes poignets jusqu'à ce que mes coupures cessent de saigner. Puis j'ai jeté le papier dans la cuvette des WC, j'ai tiré les manches sur mes poignets et suis revenue dans ma chambre. Maman a comme à son habitude surgi sur le pas de ma porte et j'ai serré les manches sur mes poignets alors qu'elle hésitait à entrer. Je les y ai tenues jusqu'à ce qu'elle me laisse, jusqu'à l'heure d'éteindre la lumière et de fixer le plafond en attendant le sommeil.

Se retirer

Automne. Année de quatrième.

Je suis assise sur le banc pendant un match de soccer qu'on jouait à l'extérieur. Au cours de l'été, j'avais continué à avoir des pseudo-crises épileptiques. De peur de m'évanouir en public, j'ai quitté l'équipe des pom-pom girls et postulé pour entrer dans celle de soccer où j'ai été acceptée. Yasmine en faisant déjà partie, je ne sais comment interpréter ce choix. Peut-être refusais-je l'idée que Yasmine soit une entrave ? Peut-être voulais-je lui prouver mon pouvoir d'agir librement ? À moins que je ne veuille, malgré moi, en arriver à une situation extrême qui nous obligerait à crever l'abcès ? Quoi qu'il en soit, lorsque le premier jour je suis arrivée à l'échauffement, j'ai noté sa surprise. Moi, j'ai levé le menton d'un air de défi et je suis passée devant elle.

En quatrième, Yasmine et moi avions moins de cours en commun. En particulier, parce que Miss Yard m'avait recalée en maths et algèbre, donc je n'avais pas eu le privilège de suivre des cours niveau lycée. C'était peut-être mieux comme ça, finalement. La malveillance des élèves de mon collège était assez redoutable sans que j'aie à subir celle de lycéens.

Pendant l'entraînement, Yasmine et moi on se passait et repassait le ballon si nécessaire. Sinon, nous étions comme des aimants qui se repoussent – un prof de SVT nous en avait autrefois fait la démonstration. Mais j'aimais le soccer. J'aimais les autres joueuses de notre équipe. Et j'aimais bien notre coach, Miss Ryan, qui était sportive, jeune, blonde, énergique et jolie. Les autres disaient d'elle : « Miss Ryan, elle est trop cool ! »

C'était un match de début de saison. J'étais assise à côté de Miss Ryan et j'attendais d'entrer dans le jeu. Yasmine était milieu de terrain et courait vers une joueuse en train de dribbler. Yasmine a chargé, l'a marquée, c'était incroyable, elle n'avait peur de rien ! Tout le monde connaissait déjà la suite. Même les joueurs de l'équipe adverse. Interception et reprise du ballon. Les parents, derrière nous, l'ont acclamée. Moi non.

— À propos, Paige..., a tout à coup commencé Miss Ryan.

Elle parlait avec le plus grand naturel. Trop de naturel, rétrospectivement parlant. Comme si nous n'assistions pas à un match, mais comme si nous conversions tranquillement. Des frissons ont parcouru ma nuque. Sur le qui-vive, je me suis redressée et me suis tendue.

— J'ai entendu dire…, a continué Miss Ryan, toujours sur ce ton volontairement désinvolte, que tu avais le sida. C'est vrai ?

Je l'ai regardée. Mais Miss Ryan gardait les yeux fixés sur le match. Nous étions proches d'élèves ainsi que de parents assis derrière nous dans les gradins. L'arbitre a sifflé un hors-jeu, le ballon est revenu à notre équipe qui s'est rassemblée pour la remise en jeu.

C'est curieux, l'on trouve toujours la bonne réponse après coup. Une foule de reparties appropriées me viennent à l'esprit seulement maintenant. Je regrette de ne pas les avoir eues à ce moment précis. J'aurais pu en effet rétorquer que le VIH et le sida, ce n'était pas la même chose et que tout individu un peu informé le savait. J'aurais pu riposter qu'elle n'avait pas le droit d'évoquer des données médicales confidentielles au vu et au su de tous et que, par conséquent, elle ferait mieux de parler moins fort. Surtout, je regrette de ne pas avoir pu, su, prononcer ces mots-là : « Ce ne sont pas vos affaires. »

Mais je n'étais qu'une gamine qui, assise à côté de son prof, regardait les joueurs de son collège en maillot bleu et blanc courir sur le terrain herbu. J'étais une gamine différente des élèves en jambières et chaussures à crampons. Une gamine assise à côté d'un professeur qui avait la réputation d'être trop cool, et dont je voulais la sympathie.

Je n'ai donc prononcé qu'un mot : « Non. »

C'était la vérité – je n'avais pas le sida et ne l'aurais pas tant que mon taux de T4 serait au-dessus de 200 –, mais je ne lui avais pas adressé cette réponse par souci de précision et de concision. J'avais répondu « non » parce que rien d'autre ne m'était venu à l'esprit et puis, aussi, parce que c'était la seule façon de mettre un terme à cette conversation.

— Ah oui, a commenté Miss Ryan, comme si nous parlions du temps qu'il faisait.

Genre : Ah oui, quelle belle journée d'automne.

Ah oui, les arbres commencent à changer de couleur, l'as-tu remarqué ?

Ah oui, il paraît que les températures vont chuter, à partir de la semaine prochaine.

Ah oui, je pense que tu mens et que tu as vraiment le sida.

Un joueur de Clarkstown a shooté dans le ballon, et les deux équipes se sont précipitées vers les buts de l'équipe adverse. Et tout à coup – c'est arrivé si vite que je ne me souviens pas que Miss Ryan me l'ait demandé –, je suis entrée sur le terrain. Yasmine en sortait. Nous nous sommes croisées mais consciencieusement ignorées.

Plus tard, lorsque j'ai raconté à maman ce bref échange avec Miss Ryan, elle a été furieuse. Quelques jours après, à l'occasion d'une photo de l'équipe, elle l'a affrontée.

— De quel droit avez-vous demandé à Paige si elle avait le sida ?

Bien que maman, par souci de discrétion, se soit entretenue en aparté avec Miss Ryan, elle avait prononcé ces mots d'une voix plus forte que nécessaire. Miss Ryan un peu gênée a regardé autour d'elle, puis a déclaré qu'elle avait seulement voulu vérifier une rumeur, un élève lui ayant en effet révélé que j'avais le sida. Elle pensait y mettre fin en me questionnant.

— Avez-vous songé un seul instant à ce que ma fille a pu ressentir quand vous lui avez posé la question en plein match ?

Chhuuttt, moins fort..., ai-je eu envie de dire. *Tout le monde va t'entendre.*

— Eh bien... j'ai consulté son dossier médical, a enchaîné Miss Ryan. Et en effet, j'ai constaté que votre fille n'avait pas le sida.

À ces mots, maman est devenue rouge pivoine.

— Pardon ?

— Eh bien, j'ai seulement..., a continué Miss Ryan.

— Vous avez consulté son dossier médical, qui est confidentiel ?

— Écoutez, madame Rawl, je...

Maman a prononcé la réplique à laquelle je n'avais pas pensé.

— Cela ne vous regarde pas, un point c'est tout !

Sur la fin, sa voix avait monté dans les aigus. Je me suis sentie à la fois humiliée et satisfaite – un mélange détonant –, à la vue du visage cette fois stupéfait de Miss Ryan. Elle a répondu, plus bas que maman, mais je l'ai quand même entendue.

— Vous ne pensez pas que, en tant que coach, j'ai le droit de savoir ?

— Droit de savoir ? s'est écriée maman. Mais nous n'avez pas le « droit » de savoir quoi que ce soit !

Miss Ryan a froncé les sourcils.

— Calmons-nous, madame Rawl.

— Nous calmer ? Non, je n'ai pas l'intention de me calmer. Parce que je connais la loi, et la loi stipule que le statut VIH doit rester confidentiel, vous m'entendez ? Confidentiel.

— Tout de même, madame Rawl, je suis le coach de votre fille.

— Et vous ? Êtes-vous séropositive ? Comment puis-je le savoir ?

Miss Ryan a pris une grande inspiration et fixé maman.

— Écoutez, madame Rawl, et s'il y avait un incident ? Si Paige était blessée et saignait sur le terrain ?

— En règle générale, quand un enfant est blessé et saigne sur le terrain, que se passe-t-il ? s'est exclamée maman. Dans tous les cas, on est prudent, vigilant parce que l'on ne sait jamais ce qu'il peut avoir !

Miss Ryan a éloigné le regard pour le reporter peu après sur maman.

— Vous savez..., a-t-elle commencé avec un sourire radieux.

Elle a laissé échapper un petit rire faux, déplacé dans ce contexte.

— Nous pouvons utiliser la séropositivité de Paige à notre avantage. Les joueurs de l'équipe adverse redouteront de la toucher, ce qui lui permettra de marquer sans la moindre difficulté !

Plus tard, Miss Ryan a nié avoir prononcé ces mots. Sous serment. Sur la Bible. Elle a juré ne pas s'être exprimée dans ces termes. Et qui sait, peut-être est-elle de bonne foi ? Mais moi qui étais présente, je l'ai entendue distinctement.

Je m'en souviens encore après toutes ces années. Je me souviens également de la honte qui m'a alors submergée. Des paroles avilissantes qui vous salissent, vous saisissent d'une honte brûlante et se gravent dans votre esprit à jamais.

J'ai toujours adoré jouer au football,
mais le jour où mon coach a affirmé que mon équipe pouvait
utiliser ma séropositivité à son avantage pour marquer
fut l'un des pires moments de mes années de collège.

Ce soir-là, j'ai déversé le contenu de mon sac à dos dans le salon-salle à manger et l'ai secoué jusqu'à ce qu'il soit vide. Puis j'ai pris mes cahiers et j'en ai déchiré les pages, une à une. Je les ai froissées et jetées.

— Paige ! Qu'est-ce que tu fais ? s'est exclamée maman.

Froisser. Déchirer.

— Paige ! a-t-elle répété d'un ton plus tranchant.

Cette fois, j'ai poussé une espèce de cri, entre gémissement et colère. C'était même si féroce que j'ai eu peur.

Maman aussi, car sur son visage s'est affichée une expression que je n'y avais jamais vue.

— Paige..., a-t-elle repris avec précaution. Il ne faut pas, tu as besoin de ces cahiers et manuels.

Pour seule réponse, j'ai arraché, d'un seul coup, un maximum de pages de mon cahier de maths, et les ai ensuite mises en morceaux.

— Paige..., a plaidé maman. Je t'en prie. Ce sont tes affaires de classe. Tu ne peux pas.

Je n'ai pas répondu. J'ai de nouveau pris des pages à pleines mains, et les ai déchiquetées jusqu'à ce qu'il ne reste, à mon cahier, que deux couvertures prêtes à se détacher au reste de la spirale en métal. Je les ai jetées contre la porte et je me suis attaquée à mon cahier d'histoire-géo.

— Paige ! Ça suffit ! Arrête maintenant ! a crié maman.

Je n'ai pas cessé pour autant. J'ai tout déchiré. Cahiers et fascicules. Mes notes de cours. Et les photocopies. Les listes de mots de vocabulaire et les rapports de laboratoire.

Tout ce travail. Tant d'optimisme. Désormais en tas...

J'aurais beau faire, précisément ne rien faire, je serais toujours perçue comme une fauteuse de trouble. Semeuse de zizanie. Faiseuse d'histoires. Je n'avais rien fait de mal, quelle importance ! J'étais née avec une infection au VIH comme certains naissent avec des taches de rousseur ou des cheveux blonds.

Mais le VIH n'a rien à voir avec des taches de rousseur, des cheveux blonds, des yeux verts ou une peau de couleur. Rien. Le VIH faisait de moi un être mauvais. Indigne. Les autres n'auraient jamais de problèmes puisque c'était précisément moi, le problème. Il en serait toujours ainsi.

Pour finir, j'ai donné un grand coup de pied dans le papier en charpie jusqu'à ce que la douleur et l'épuisement aient raison de moi. Alors je me suis effondrée et j'ai sangloté. Je ne voulais plus retourner en classe. Maman pourrait toujours me forcer, pas question d'y retourner jamais. Ni demain. Ni la semaine prochaine. Ni jamais.

Le 23 septembre, le docteur Cox et maman ont rencontré Miss Fischer, dans son bureau avec l'inspecteur d'académie et le responsable des activités sportives scolaires. Maman avait confié au docteur Cox qu'elle envisageait de me retirer de Clarkstown afin que je suive un enseignement à domicile. Selon le docteur Cox, il était important que les protagonistes se réunissent au moins une fois avant la décision finale.

Lors de cette réunion, Miss Fischer a annoncé à maman qu'elle ignorait ma séropositivité. (*Ah bon ?* Miss Ward ne le lui avait donc jamais dit ? Je précise que Miss Fischer était toujours présente, dans la cafétéria et dans les couloirs, et aussi, lors des matchs. N'avait-elle jamais entendu qu'on m'appelait Paids ?)

Miss Fischer a aussi déclaré que le personnel de l'administration n'avait pas eu connaissance des messages anonymes qui m'avaient été adressés. Elle a, par ailleurs, ajouté qu'on ne gardait pas trace des entretiens dans le bureau du conseiller d'éducation. (*Sérieusement ?* Les conseillers ne consignent *rien* ? Ils sont seulement censés retenir, de mémoire, leurs échanges avec tel ou tel élève ?)

Miss Fischer a dit à maman qu'elle allait rédiger un projet de vigilance, de prévention et de protection, et l'envoyer au docteur Cox. (On ne l'a jamais vu.)

À la fin de la réunion, le docteur Cox a expliqué que, d'un point de vue strictement médical, maman avait raison. À la lumière des incidents et faits qui lui avaient été rapportés, le docteur Cox doutait en effet que l'environnement de Clarkstown soit favorable à mon bien-être. D'où la nécessité de suivre un enseignement à domicile. Quoi qu'il en soit, elle avait hâte de voir le projet de vigilance, de prévention et de protection de Miss Fischer.

Dès le lendemain, maman est revenue à Clarkstown pour effectuer les formalités administratives indispensables. Je l'ai accompagnée et, tandis qu'elle les accomplissait, je suis allée dans mes salles de classe, j'ai posé mes manuels sur les bureaux des professeurs et suis sortie. J'ai senti les yeux des élèves sur moi.

Était-ce un acte de défi ? Ou, au contraire, l'aveu que je renonçais et fuyais ? Je ne sais pas.

— J'aimerais que tu continues à fréquenter Clarkstown, a conclu Miss Fischer. Mais je ne peux pas te promettre de garantir ta sécurité.

J'ai surtout entendu, bien qu'elle ne l'ait pas dite, la fin de cette phrase : *Car après tout, c'est tout ce que mérite une fillette séropositive.* J'ai haussé les épaules et n'ai pas daigné la regarder. Je suis sortie. C'était une belle journée d'automne avec un soleil radieux dans un beau ciel bleu. Sur l'un des terrains se déroulaient un match de football et sur l'autre, un match de soccer. Si la situation avait été différente, j'aurais rejoint les autres pom-pom girls.

Erin, une élève de cinquième qui fréquentait Clarkstown depuis cette année seulement s'est précipitée vers moi.

— Paige ! C'est vrai ? Tu quittes Clarkstown ?

— Oui.

— Tu en as de la chance !

Elle a ri, et s'est ravisée.

— Non, je blague ! Je ne voulais pas dire que tu avais de la chance de...

— Oui, je sais.

— Moi, je suis triste..., voilà, a-t-elle conclu.

J'ai entendu l'arbitre siffler. Le public, dans les gradins, a poussé des cris et applaudi. Les rayons du soleil chauffaient, caressant mes bras nus, et j'ai ressenti un sentiment de réconfort en décalage avec ce que j'éprouvais depuis déjà si longtemps.

— On fait un selfie ensemble ? a proposé Erin.

J'ai hoché la tête.

— Oui.

J'ai gardé cette photo. Nous clignons des yeux parce qu'on est face au soleil. Je porte un T-shirt rouge. Erin brandit l'appareil et nous regardons toutes les deux dans sa direction. Nous sommes joue contre joue, on a l'impression que l'un de ses sourcils rejoint l'un des miens. On a l'air heureuse. On l'est. Maman est sortie à son tour avec des documents. Elle semblait épuisée. Exténuée.

— Paige !

Elle m'a fait signe.

— Bon, je dois y aller, ai-je dit à Erin.

Erin m'a serrée dans ses bras, et m'a chuchoté à l'oreille.

— On reste en contact ?

— Oui.

Erin m'a regardée droit dans les yeux avec un demi-sourire dans un visage froncé. À l'évidence, elle était triste. Sincèrement triste que je quitte Clarkstown.

— Promis ? a-t-elle insisté.

J'ai hoché la tête et lui ai souri.

— Oui, Erin.

J'étais sincère.

— Promis.

J'ai couru rejoindre maman. On est montées dans la voiture, on est sorties du parking.

Je ne suis jamais retournée à Clarkstown Middle School.

Tout ce que je veux, c'est agir

J'avais quitté Clarkstown depuis peu et, ce jour-là, j'étais affalée sur le canapé à regarder la télévision. Maussade, je zappais : émissions d'information, télé-réalité où les gens mangeaient des trucs infects en s'efforçant de ne pas vomir de dégoût, rien ne m'intéressait.

— Tu as faim ? s'est enquise maman.

J'ai secoué la tête. Non. Maman m'a observée, de l'embrasure de la porte.

— J'ai une idée, a-t-elle repris. J'aimerais te montrer quelque chose.

— C'est bon, pas la peine, ai-je coupé en continuant de zapper.

Jeu télévisé. Sitcom datant de Mathusalem. Une série dans un cabinet d'avocats.

— Si, je vais te montrer quelque chose, a insisté maman.

Elle est partie et revenue avec une cassette vidéo qu'elle m'a tendue : *The Ryan White Story.* Un film qui semblait remonter au Déluge. *Berk*, ai-je pensé. *Encore un de ces vieux trucs complètement débiles que maman adore regarder.*

— C'est vraiment nécessaire ? ai-je demandé sans enthousiasme.

Maman n'a pas répondu. Elle m'a pris la télécommande des mains, a introduit la cassette dans le lecteur et s'est assise à côté de moi.

J'ai tout de suite reconnu les images du générique. L'Indiana War Memorial – l'un des plus importants monuments d'Indianapolis. L'enseigne d'un bar de Jackson Street représentant une silhouette en carton grandeur nature de Marilyn Monroe. Sur l'écran, devant mes yeux se déployaient des instantanés de mon environnement quotidien. J'ai vu ensuite des étudiants de l'université de l'Indiana, canettes de bière en main et portant des maillots aux couleurs des Colts. Des champs de maïs et des silos. Les longues routes plates de l'Indiana avec, en fond, des châteaux d'eau se détachant sur la ligne d'horizon.

Je n'avais jamais vu de film dont l'action se déroulait dans ma propre ville et, ma curiosité subitement éveillée par ce générique, j'ai cédé et posé ma tête sur l'épaule de maman puis je me suis pelotonnée contre elle.

Le film racontait l'histoire de Ryan. C'était un garçon chétif, un collégien qui livrait des journaux pour se faire un peu d'argent de poche, un type sympa que j'aurais sûrement apprécié. Hémophile, Ryan avait souvent des transfusions sanguines. Puis il s'est mis à tousser. Il a été hospitalisé. Le médecin, en se dirigeant dans son bureau où l'attendait sa mère, n'a cessé d'appuyer sur le bouton-poussoir de son stylo à bille rétractable. Peu après, il lui a annoncé que son fils souffrait d'une forme de pneumonie rare chez les enfants : la pneumocystose. Un virus avait endommagé son système immunitaire. Ryan avait le sida.

— C'est inspiré d'une histoire vraie ? ai-je demandé à maman.

— Oui, a-t-elle murmuré, le regard fixé sur l'écran. Ryan White avait à peu près mon âge.

Maman a tiré un plaid sur nos genoux. Une fois qu'il a été guéri de sa pneumonie, Ryan est sorti de l'hôpital, mais il n'a pas été autorisé à revenir dans son établissement scolaire. Les parents d'élèves avaient peur qu'il transmette le sida à leurs enfants.

— C'est injuste, ai-je déclaré à maman.

Maman a appuyé sur la touche pause de la télécommande.

— Oui, Paige, c'est injuste.

Elle m'a alors expliqué que, à cette époque, les médecins avaient pourtant été très clairs : Ryan ne pouvait pas transmettre le VIH à ses camarades de classe. Malgré tout, les parents d'élèves n'ont rien voulu entendre. Maman m'a répété ce que je savais depuis longtemps déjà, ce que tout le monde savait désormais mais que certains préfèrent ignorer. Le VIH ne s'attrape pas par le contact des mains, les fontaines publiques, aux toilettes ou entre les murs d'un collège.

— Tes camarades n'avaient aucune raison de te faire sentir que tu es différente. On connaissait le mode de transmission du virus à l'époque de Ryan, donc l'ignorer de nos jours est inexcusable.

La mère de Ryan a déposé plainte afin que son fils, qui avait reçu l'interdiction de fréquenter son collège, soit en mesure de poursuivre normalement sa scolarité. Mais les parents d'élèves ont contre-attaqué en engageant des poursuites judiciaires pour l'en empêcher. Qu'il reste en quarantaine jusqu'à sa mort ! ont-ils crié. Lorsque la Cour a décidé qu'il devait revenir dans son établissement, la moitié des élèves sont restés chez eux. Les autres ont ostensiblement déplacé leur pupitre, afin de s'éloigner le plus possible de Ryan. Dans les couloirs, ils l'évitaient le plus possible. On glissait des messages malveillants dans ses manuels scolaires ou dans son casier.

Quelqu'un a même tiré un coup de feu dans la salle à manger familiale. J'ai vu la mère de Ryan expliquant à son fils que l'homme est parfois le pire ennemi de l'homme.

J'ai compris, à ce moment précis, quel avait été le but de maman. Par le biais de ce film, qu'elle avait commandé et qu'elle m'avait obligée de regarder, maman voulait me faire savoir que je n'étais pas responsable de mes déboires actuels à Clarkstown et que je ne les avais pas non plus mérités. Je me suis ainsi rendu compte que ces incidents n'étaient pas liés à ma personne mais plutôt à des peurs collectives qui s'exprimaient systématiquement par des réactions de haine et de rejet. Et puis je n'avais pas été la seule victime, il y avait eu ce garçon, et il y en avait sûrement d'autres...

Cette pensée m'a réconfortée et, en même temps, elle m'a épouvantée.

— Maman, pourquoi... ? ai-je demandé à la fin du film.

Je n'ai pas achevé ma phrase. Je crois que j'aurais voulu traduire ma pensée par cette question : *Pourquoi ont-ils choisi la haine ?* Mais les mots me fuyaient. Finalement frustrée, j'ai hoché la tête. Maman a compris.

— Je ne sais pas, Paige. Je n'ai qu'une explication : l'ignorance.

Sans doute était-ce la seule vraie réponse, mais ce n'était pas la bonne pour autant. Soudain, la colère m'a envahie.

— C'est tout ? Les gens sont ignorants et, nous, on doit l'accepter ?

Maman a replacé le plaid sur nos jambes, je l'ai repoussé. Elle a soupiré.

— Moi aussi, je suis en colère, Paige. C'est une situation intolérable.

— Mais c'est injuste !

J'étais jeune et désarmée. J'avais des sanglots dans la voix. Je ne pouvais plus m'arrêter.

— C'est vraiment *injuste* ! ai-je martelé.

Maman a voulu me serrer dans ses bras, je me suis écartée. Je ne voulais pas de son affection et de sa compassion. J'étais trop frustrée. Anéantie par mon sentiment d'impuissance.

— Paige, écoute, je veux seulement…

— Non ! ai-je coupé. C'est injuste. Super injuste que les autres continuent d'aller tranquillement en classe, et pas moi.

Je me suis mise à pleurer à chaudes larmes.

— Après tout, c'est leur faute ! Pas la mienne, ai-je continué. Ce sont eux qui se sont mal comportés, moi je n'ai rien fait !

Je n'étais pas certaine que maman me comprenne tant je pleurais.

— Ce sont eux qui auraient dû quitter Clarkstown. Pas moi !

Demain, mes camarades de classe iraient au collège comme chaque jour. Ils regarderaient dans un microscope, courraient sur la piste d'athlétisme et plaisanteraient en passant dans le couloir. Ils seraient ensemble, se passeraient des petits mots et bosseraient à fond l'interro de géométrie ou s'enverraient, par jeu, des emballages des pailles pendant le déjeuner. Cette vie-là continuait, comme avant. Mais sans moi qui avait disparu du paysage.

Car désormais je restais à la maison. Seule. C'était comme si l'on m'avait retiré le droit d'exister. Précisément, je n'existais plus à Clarkstown et tel avait été sans doute le désir de ces élèves, enseignants et personnel administratif.

J'ai sangloté sans plus pouvoir m'arrêter, recroquevillée sur moi-même et cherchant mon souffle.

— Oh, Paige… ma chérie…, a soufflé maman consternée.

J'ai enfoui mon visage dans le coussin du canapé pour pleurer à mon aise et je me suis roulée en boule. Maman, impuissante à me calmer, m'a câlinée. Finalement, j'ai dû m'endormir, car lorsque je me suis réveillée, il faisait nuit. Maman avait déposé une couverture sur moi, des odeurs de poulet grillé me chatouillaient les narines. Je suis allée dans la cuisine où ma mère farfouillait dans le réfrigérateur. Je suis restée immobile jusqu'à ce qu'elle referme la porte, fasse volte-face et me découvre, un peu surprise.

— Ah, c'est toi, ma puce. Tu as faim ? J'étais en train de préparer le dîner.

Le four était allumé, des gouttelettes de graisse coulaient sur sa vitre. Maman a pris une éponge pour vite nettoyer. Maman, toujours prête à nettoyer… Je n'étais plus triste. Ni en colère. Pleurer vous lave de vos émotions. Ne restait que de la détermination.

— Ça va, chérie ? a demandé maman.

J'ai pris la parole d'une voix égale. Neutre. Et d'ailleurs, je me suis à peine reconnue.

— Je veux agir, c'est tout.

Maman et moi avons déposé plainte et intenté une action en justice contre mon établissement scolaire pour non-assistance à personne en danger suite à du harcèlement, un délit, réprimé par deux articles de loi, donc répréhensible sur le plan pénal.

La rédaction d'une plainte nécessite l'emploi de termes juridiques spécifiques. Un vrai charabia, comme maman l'a formulé à la suite de notre première visite chez un avocat. Pour autant, les faits sont simples.

Deux lois américaines octroient à toute personne ayant eu une déficience, étant perçue comme ayant une déficience ou ayant une déficience, l'égalité des droits et des chances, dont celui de suivre une scolarité normale sans subir de harcèlement.

En clair, les enfants handicapés, ou perçus comme tels, ont le droit de fréquenter un établissement scolaire public sans être harcelés.

— Mais... est-ce que je suis handicapée ? ai-je demandé à maman, suite à ces explications.

Maman m'a rassurée. Jamais elle ne m'avait considérée comme handicapée et, de plus, elle était fière que je ne me sois jamais perçue comme telle. Mais la loi était sans ambiguïté : l'infection au VIH et le sida sont considérés comme des handicaps.

— Par conséquent, si tu subis un harcèlement au point que ta scolarité en souffre, a continué maman, et que ton établissement n'intervient pas, il est en infraction avec la loi.

Elle a ensuite expliqué que notre plainte se résumait à trois questions :

Premièrement : avais-je été harcelée ?

Deuxièmement : le personnel éducatif avait-il été au courant de ce harcèlement ?

Troisièmement : si la réponse était oui, l'établissement avait-il pris les mesures nécessaires pour mettre un terme audit harcèlement et me permettre de poursuivre ma scolarité en sécurité ?

Si nous pouvions prouver que l'administration scolaire n'avait pas remédié à cet état de fait, on obtiendrait réparation du préjudice.

C'est étonnant de déposer plainte et de se constituer partie civile. Les plaignants affirment que l'argent ne compte pas et le formulent tous de la même manière : « Oh non, je vous assure que ce n'est vraiment pas une question d'argent ». Cela sonne faux. Car porter plainte et obtenir réparation, c'est bel et bien une histoire d'argent. Si vous gagnez votre procès, vous êtes indemnisé. La compensation financière, c'est la finalité, la récompense : la justice vous donne raison, vous étiez dans votre bon droit. Tel est le prix du préjudice personnel et du préjudice moral.

J'avais quitté Clarkstown avec un sentiment d'injustice. Je voulais donc que la justice dise que les élèves de mon collège n'avaient pas le droit de me surnommer « Paids » afin de retrouver ma dignité et mon intégrité. Que le coach n'avait pas à me distinguer des autres élèves, consulter mon dossier médical et plaisanter sur ma séropositivité. J'avais besoin que la justice confirme que les messages, les commentaires, les surnoms calomnieux, les chuchotements, les ragots m'avaient blessée, et qu'enfin, mes réclamations, par ailleurs qualifiées d'« histoires pour rien », n'avaient suscité que l'indifférence générale. Je n'avais rien fait pour subir autant d'humiliations.

Je voulais que l'on me dise que je n'étais pas fautive. En même temps, je poursuivais un but nettement moins noble : je voulais leur faire honte à tous. Aux garçons qui m'avaient appelée Paids. Aux élèves qui avaient ri en les entendant ainsi me dénigrer. À Miss Fischer, Miss Ryan et Miss Ward. À ceux qui m'avaient rabaissée impunément. Je voulais les voir, sous le feu des questions de l'avocat. Je voulais qu'ils comprennent ce que j'avais éprouvé.

Je poursuivais donc deux objectifs : premièrement, je désirais la reconnaissance des faits de harcèlement moral et d'un vrai statut de victime, deuxièmement, je voulais que les gens prennent conscience de ce que j'avais vécu et souffert. Je ne désirais pas vraiment déposer plainte et me porter partie civile, maman non plus. D'un autre côté, je ne voyais pas de meilleur moyen pour parvenir à mes fins.

— On va gagner, pas vrai, maman ?

— Eh bien...

Maman a marqué une pause.

— Je vais te poser quelques questions, Paige. Tes camarades t'ont fait souffrir ?

J'ai acquiescé.

— T'ont-ils humiliée au point que tu n'as plus réussi à te concentrer sur tes cours ?

J'ai songé à mes absences, à toutes les fois où je n'avais pas pu me concentrer, et à mes pseudo-crises épileptiques.

— Oui.

— Te souviens-tu de mes coups de téléphone à l'administration scolaire ? Te souviens-tu également que l'on ne m'a jamais rappelée.

— Oui.

— Des messages que j'ai laissés ?

— Oui, je m'en souviens aussi.

— Penses-tu que ton collège a pris les mesures nécessaires pour te protéger ?

J'ai secoué la tête négativement. Mis à part le jour où maman et le père de Yasmine avaient été convoqués dans le bureau de Miss Ward, et également l'incident de la cafétéria signalé par Ethan, rien de concret n'avait été entrepris pour punir les responsables. Maman a soupiré et m'a serrée dans ses bras.

— Dans ce cas, nous allons gagner, a-t-elle conclu. L'affaire sera vite et bien résolue.

Puis elle a reculé et levé les mains pour que je tape dedans. Ce que j'ai fait.

Le mardi précédant Thanksgiving, précisément, quelques jours après avoir déposé la plainte, le téléphone a sonné. J'étais dans ma chambre en essayant de me concentrer sur ma lecture. C'était difficile. Mes journées à la maison se succédaient avec une monotonie qui me privait de l'émulation nécessaire pour apprendre.

Dans la cuisine, j'ai entendu maman répondre et surtout, très vite, j'ai perçu la panique dans sa voix. Je l'ai rejointe aussitôt.

— D'accord, a-t-elle conclu à l'attention de son interlocuteur. Oui, je comprends. C'est entendu ! Oui. Très bien.

Maman a raccroché et m'a regardée.

— Oh mon Dieu, Paige !

— Que se passe-t-il ?

— C'était notre avocat.

— Qu'est-ce qu'il a dit ?

Maman, très pâle, n'a pas répondu. Le réfrigérateur s'est mis à bourdonner. Dehors, par la fenêtre, une voiture est passée, la radio à fond. J'ai entendu la basse vibrer et peu à peu diminuer jusqu'à disparaître.

— Maman ?

— Il vient de s'entretenir avec un journaliste de l'*Indianapolis Star*.

Mon cœur s'est serré.

— Pourquoi ?

— La presse voulait un commentaire sur notre plainte.

J'ai mis un temps à comprendre la portée de cette information.

— Ça va être dans les journaux ? ai-je ensuite interrogé.

Maman restait immobile, le combiné du téléphone toujours en main. Elle a opiné.

— Oui.

J'ai hoché la tête.

— Mais ce n'est pas possible ! C'est censé rester confidentiel parce que je suis mineure.

Maman a secoué la tête.

— Je ne sais pas… Quoi qu'il en soit, la nouvelle a filtré, Paige. Maintenant, tout le monde va être au courant !

Maman avait l'air paniqué. Moi je me suis assise, pensive. Je n'avais confié ma séropositivité qu'à une seule personne, ma meilleure amie en sixième. De là, tout mon collège l'avait su. Et bientôt, tout Indianapolis serait au courant.

Yasmine, à onze ans, avait-elle eu conscience de son pouvoir lorsqu'elle avait divulgué mon secret ? De l'effet boule de neige que son indiscrétion allait provoquer ? À l'origine, elle était la seule au courant de ma séropositivité mais bientôt, la ville d'Indianapolis, qui comptait un million d'habitants, allait en être informée.

Je me suis souvenue de Yasmine la première fois que je l'avais vue dans l'auditorium. De l'impression qu'elle avait alors produite sur moi. Elle m'avait parue passionnée et douée d'une forte personnalité, irradiant d'assurance tandis que, d'un regard ferme, elle demandait le silence aux rieurs dans l'auditorium. Je n'aurais jamais cru qu'on en arriverait là. Et maintenant, pendant que j'attendais que l'annonce de ma séropositivité par voie de presse explose comme une bombe dans ma ville natale, j'ai été frappée par un sentiment d'inéluctable. C'est comme si, dès cette époque, tout était déjà écrit.

Maman s'est enfin levée.

— Je vais immédiatement téléphoner à la mère de Heather. Je ne veux pas qu'elle découvre cela par le biais des journaux.

— La plainte ? Le recours à la justice ?

— Ta séropositivité.

— Toi aussi, tu es séropositive.

— Oui, Paige. Moi aussi. Heather et sa mère ont toujours été gentilles avec nous. Elles doivent apprendre la nouvelle de notre bouche.

Maman a décroché le téléphone et composé son numéro. Je suis retournée dans ma chambre, un peu tremblante.

La voix de maman s'est élevée.

— Bonjour, c'est Sandy. Oui. Mmm. Oui, merci, tout va bien. Je voulais juste... eh bien, écoutez, demain, un article va paraître dans l'*Indianapolis Star*... Je voulais vous prévenir.

J'ai fermé la porte de ma chambre. Peu après, maman est venue frapper à la porte.

— Paige ? Heather voudrait te parler.

J'ai pris le téléphone.

— Paige ? a commencé Heather avec un calme parfait. Tu sais quoi ? Tu es la meilleure. Je t'adore.

Tard dans la nuit, l'article que le *Star* m'avait consacré a paru en ligne. Maman et moi, on l'a lu à haute voix à plusieurs reprises. J'ai lu et écouté ma propre histoire relatée à la troisième personne du singulier. C'était un peu comme si ma vie avait plus ou moins cessé de m'appartenir.

Le lendemain matin, le *Star* a été distribué dans tout Indianapolis. Nous faisions la Une. Nous étions en première page ! *Paige en Première Page !* Maman et moi avons ri, trop, trop fort de notre jeu de mots.

J'ai imaginé les parents de Michael Jepson, de Devin Holt ou du garçon qui avait conseillé à Ethan de ne pas m'embrasser en train de lire le *Star*. Je me doutais qu'ils ne feraient pas le lien entre mon histoire et leur fils ou leur fille, incapable de tant de méchanceté. Ils rejetteraient la responsabilité sur les enfants des autres.

C'est exactement ce qui s'est passé. Je le sais maintenant.

Des journalistes de la télévision ont interviewé mes anciens camarades de classe et leurs parents. Nous avons vu le camion garé devant ce collège que je connaissais si bien. Maman et moi avons passé la matinée à scruter la rue derrière le rideau, nous demandant si les journalistes viendraient nous interroger, comme ils l'avaient fait pour Ryan. Mais non.

— Eh bien, quel soulagement ! a conclu maman.

— Est-ce que cela signifie que la situation s'est améliorée pour les séropositifs depuis cette époque ? ai-je demandé.

Maman s'est laissée tomber sur le canapé avec un soupir.

— Je l'espère, ma puce.

En l'espace d'une journée, l'article a paru dans la presse nationale : *Boston Globe*, *Hufftington Post*, MSNBC, et même repris par le Center for Disease Control and Prevention[1]. *On parle de moi*, ai-je pensé en lisant les gros titres. *Jusqu'à Boston. Washington DC !*

Parfois, des lecteurs, pour la plupart scandalisés par la façon dont j'avais été traitée, commentait l'article.

1. Centre pour le contrôle et la prévention des maladies.

Je n'en crois pas mes yeux ! Les profs devraient savoir que ce genre de chose peut arriver. Et ils devraient agir pour y mettre un terme ! Je suis enseignant et, en tant que tel, je dois rester vigilant pour éviter que de telles situations se produisent. Les élèves de ce collège doivent répondre des conséquences de leurs actes haineux !

Au moins, il y avait des inconnus qui prenaient mon parti et plaidaient en faveur d'un monde meilleur.

Une idée s'est peu à peu formée dans mon esprit ou, du moins, un sentiment indéfinissable. Quel rôle jouer dans ce monde à la fois immense et si petit ? À l'époque, je ne savais pas traduire cette pensée qui ne me quittait plus. J'avais l'impression d'avoir une mission à accomplir.

C'est plus tard, beaucoup plus tard, que j'ai pu traduire cette intuition : je prenais conscience de ma propre influence, de l'éventualité que je puisse faire la différence.

TROISIÈME PARTIE

Tomber

Communauté

J'ai entendu la basse du groupe avant d'entendre les autres instruments. J'ai vu les ballons, les T-shirts et shorts rouges, enfin, toutes les gammes de rouge qui convergeaient vers le centre-ville et le War Museum. Nous nous rendions à l'Indiana AIDS Walk[1]. Maman, Erin, Amber et moi. La personne qui coordonnait mes soins médicaux m'avait encouragée à y participer.

— C'est une marche de cinq kilomètres, m'avait-elle expliqué à l'un de mes rendez-vous. Elle est destinée à rassembler des fonds pour favoriser la recherche sur le sida. Mais pas seulement…

— Que voulez-vous dire ?

Elle a souri.

— Tu comprendras quand tu verras.

Elle s'est penchée sur moi.

— Paige, a-t-elle conclu en me regardant droit dans les yeux, tu devrais y aller.

---

1. Marche pour le sida de l'Indiana.

J'étais seule. Isolée. Car depuis mon départ de Clarkstown, j'étais confinée. Je faisais des devoirs tranquillement à la table de la salle à manger et souvent m'imaginais le quotidien au collège.

Maintenant, ils sont en histoire-géo.

Et maintenant, en EPS.

L'horloge faisait tic-tac. Les voitures allaient et venaient dans notre rue. À la radio, Taylor Swift cédait la place à Kid Rock.

Maintenant, les filles se préparent à l'entraînement de cheerleader. Maintenant, c'est chorale.

Mes devoirs terminés, de nouveau je m'interrogeais. *Et maintenant ?* Ethan m'envoyait des messages quelquefois, ce qui m'attristait et me réjouissait en même temps. Erin, Mariah et Amber me téléphonaient. Je leur parlais d'*American Idol*[1], de la dernière chanson du groupe Nickelback. Je riais avec Mariah du surpoids de son chat, Fat Louie. On ne parlait guère du collège. D'autres filles prenaient parfois de mes nouvelles, mais on avait désormais du mal à trouver des sujets de conversation.

Elles étaient là-bas. Moi j'étais ici.

---

1. Émission de télé-crochet créée en 2002 dont l'équivalent est la *Nouvelle Star* en France.

Et ici, le vide provoqué par la solitude était à vous couper le souffle. Ici, chaque jour ressemblait à un temps de pluie. Tenace et uniforme. C'est pourquoi en me rendant au AIDS Walk, je devais faire un effort pour donner du sens aux sensations visuelles et auditives qui affluaient – le bleu au-dessus de nos têtes, l'air doux, si étonnant en cette saison, la musique qui jouait non loin et la bonne humeur festive générale.

Jusqu'à maintenant, l'isolement et la tristesse étaient le résultat de ma séropositivité. Je n'appartenais à aucun groupe. Qui étaient ces gens qui convergeaient vers un même lieu, au nom d'une même cause ? Et pourquoi semblaient-ils si optimistes ?

Je me dirigeais vers le comptoir d'enregistrement quand je me suis arrêtée net. Je ne savais pas si j'avais le courage de rejoindre cette foule joyeuse et animée. Maman a posé sa main sur mon épaule.

— On y va, ma grande !

Alors j'ai pris une grande inspiration. Amber et Erin qui me précédaient attendaient que je me décide. Amber a croisé mon regard et m'a souri. Elle a commencé à onduler des hanches en rythme. Erin aussi.

Un homme et une femme vêtus de rouge de la tête aux pieds m'ont dépassée avec deux enfants, un garçon et une fille en tutus arc-en-ciel. Ils marchaient le pas léger, heureux. En regardant ces enfants et mes amies, je me suis souvenue de ce qu'était le bonheur. J'ai de nouveau pris une grande inspiration.

Allez, c'est parti, me suis-je dit.

Amber, Erin et moi lors de l'Indiana AIDS Walk de 2008. On a été surprises de si bien nous amuser, ce jour-là. La présence de mes amies m'a donné le courage d'initier de nouvelles rencontres.

Tandis que maman rendait nos formulaires d'inscription, Erin et moi, nous avons longé les stands d'information qui avaient été installés par divers organisations et services.

Chacun proposait des gadgets. Par exemple, des colliers de Mardi gras en perles rouges étincelantes. J'ai plongé ma main dans un bol et senti les perles rouler sous mes doigts.

— Oh ! Moi aussi j'en veux, s'est exclamée Erin.

— Prends-en donc ! a dit l'homme dans le stand.

J'en ai pris pour nous trois.

— Non, davantage ! a-t-il insisté.

Il en a saisi une pleine poignée qu'il nous a tendue, et nous les avons passés autour du cou. Tous les stands proposaient des gadgets, et nous nous sommes servies. Il y avait des tatouages temporaires sous forme de ruban rouge, des autocollants aux couleurs de l'arc-en-ciel, des lunettes en plastique rouge et des sacs fourre-tout, également rouges. Des porte-clés, des balles antistress, stylos, crayons de papier et aimants de réfrigérateur. Nous nous sommes arrêtées devant un stand qui distribuait des chocolats enveloppés dans du papier argent rouge. J'en ai avalé deux à la fois.

— Ah, voilà qui me plaît ! a dit Erin, en se servant aussi.

Amber a quant à elle pris le bol et fait mine de l'emporter. Elle s'est éloignée de quelques pas pour faire demi-tour.

— Bon d'accord, je vais être raisonnable, a-t-elle dit.

Elle a à son tour enlevé le papier d'un chocolat et, tout sourire, l'a avalé. On m'a tendu une fiche d'information avec des chiffres et des statistiques que j'ai parcourue, la bouche remplie de chocolat : environ 10 000 habitants de l'Indiana vivaient avec le VIH/sida. Aucun comté de l'État n'avait été épargné. Sur le plan national, on comptait environ plus d'un million de personnes contaminées. Et chaque mois, aux États-Unis, presque un millier d'adolescents et de jeunes adultes étaient infectés par le VIH.

Sidérée, j'ai relu. C'était écrit noir sur blanc. Chaque mois. Presque un millier d'adolescents contaminés. Ensuite une pensée s'est imposée à moi. *Il faut en parler !*

Nous nous sommes approchées des stands de l'organisation Women in Motion[1]. Une femme en T-shirt rouge et coiffée d'une casquette de base-ball, rouge aussi, nous a saluées.

— Qu'est-ce qui vous amène à cette marche, les filles ? nous a-t-elle demandé avec un sourire chaleureux.

J'ai hésité à dévoiler ma séropositivité. J'avais appris ce qu'il en coûtait. D'un autre côté, s'il y avait bien un endroit où je pouvais parler sans risquer d'être rejetée, c'était bien ici.

— Je suis séropositive, ai-je donc déclaré.

1. Organisation à but non lucratif de l'Indiana qui promeut un programme en matière d'éducation et de prévention du VIH/sida.

Elle n'a pas ouvert de grands yeux et n'a pas non plus paru choquée. Elle m'a juste regardée droit dans les yeux et a acquiescé, complice.

— Et comment ça va ?

Elle était sincère et si gentille que je lui ai ouvert mon cœur. Les mots sont venus naturellement et se sont bientôt précipités. Je lui ai raconté mon histoire, les moments difficiles par lesquels j'étais passée, dans mon collège. Que j'avais préféré les cours à la maison plutôt que les brimades et surnoms. Que ma santé allait assez bien, mais que je me sentais vraiment *très* seule.

— Les autres continuent leur vie comme si de rien n'était. Et moi, je suis complètement à l'écart, ai-je achevé avec un hochement de tête. C'est dur.

Cette femme, qui s'appelait Marie, d'après son badge, a serré mes mains entre les siennes.

— Tu sais, nous organisons de nombreuses manifestations et nous recherchons toujours des témoignages. Aimerais-tu raconter ton histoire ?

— Eh bien… heu, peut-être…

Je n'avais pas dû paraître très convaincante, parce qu'elle m'a souri.

— Promets-moi d'y réfléchir, d'accord ?

— D'accord.

J'ai mis sa carte de visite dans mon sac. Maman s'est alors approchée.

— Vous venez, les filles ? J'aimerais vous montrer quelque chose.

Je sentais toujours la main de Marie sur les miennes tandis que maman nous conduisait vers le War Memorial. Là, sur ses marches, se dressaient d'immenses panneaux de tissu assemblés. C'était le Patchwork[1]. Ou Quilt Sida. À la mémoire des victimes du sida.

— Qu'est-ce que c'est ? a demandé Erin.

— Avant votre naissance, a expliqué maman, les patients décédés du sida étaient stigmatisés au point que, parfois, leurs familles voulaient les oublier. Sans compter que le personnel des pompes funèbres refusait de s'occuper de leurs corps, par crainte d'être contaminé. Il n'y avait donc pas moyen d'honorer et d'entretenir leur mémoire décemment. Ils étaient destinés à l'oubli, mais des amis et proches ont trouvé une idée. Ils ont fabriqué des patchworks – chaque rectangle de tissu étant dédié à chaque victime du sida. Le Patchwork est devenu le plus grand projet artistique communautaire au monde. Vous n'en voyez là qu'une petite partie.

---

1. Ou encore Patchwork des Noms.

Chaque panneau représentait donc un souvenir... L'un représentait des canards colvert. Cette personne avait-elle été un chasseur ? Un autre était constitué de T-shirts des Pacers[1], des Colts, des Indianapolis Ice[2] et des WrestleMania[3]. Un autre encore représentait un homme avec un chapeau haut de forme dansant sur des touches de piano. Le plus lugubre ne comportait que cinq lettres – *BRUCE* –, brodées sur fond noir.

Certains patchworks étaient tristes, d'autres bariolés. La plupart représentaient des arcs-en-ciel. Une étoile filante laissant, dans son sillage, un arc-en-ciel. Ou encore, un bateau dont les drapeaux aux couleurs de l'arc-en-ciel étaient gonflés par le vent. Les observant, j'ai essayé de me représenter les femmes et les hommes dont ils incarnaient le souvenir. Je les ai aussi imaginés souriant sur les marches de ce mémorial. Sans plus souffrir. Sans plus être malades. Sans haine et sans brimades. Sans plus avoir peur.

J'ai fermé les yeux et, en silence, j'ai murmuré une prière en leur mémoire. Je leur ai souhaité de reposer en paix. Maman a passé le bras autour de mes épaules et nous

1. Équipe de basket-ball de la NBA basée à Indianapolis.
2. Équipe de hockey d'Indianapolis.
3. Événement annuel de catch.

sommes restées longtemps immobiles et silencieuses. Ni l'une ni l'autre ne parlions, mais je savais que maman, comme moi, pensait à papa. Un air de musique de parade s'est élevé du kiosque à musique.

— On y va, ai-je dit au bout d'un moment. La marche va bientôt commencer.

Amber s'est arrêtée non loin de la ligne de départ.

— Regarde, là-bas !

J'ai suivi son regard vers deux personnes. Grandes. Vêtues de vêtements aux couleurs vives et très moulants, ajustés à leurs courbes très généreuses. Des femmes. Mais ces femmes-là étaient plus larges d'épaules et plus imposantes que toutes celles que j'avais jamais vues.

— Ce sont des *drag-queens* ! s'est exclamée Amber dont le regard a étincelé de joie.

Je lui ai souri. Exactement, des drag-queens, c'est-à-dire des hommes habillés en femmes. Je n'en avais jamais vu qu'à la télévision... Ces deux-là étaient impressionnantes. Glamour et assurance conjugués. La poitrine barrée par une écharpe, comme les Miss de mes concours. L'une portait un pantalon moulant argenté et un boa. L'autre, un survêtement rouge vif, avec pour coiffure un gros chignon blond. Les deux, outrageusement maquillées, portaient des talons hauts. On voyait à peine leurs yeux cachés par d'épaisses couches de mascara, eye-liner, etc. Leurs tiares de reine de beauté étincelaient sous le soleil.

L'écharpe de l'une indiquait *MISS GAY INDIANA* et sur le boa de l'autre, *MISS GAY MUNCIE, INDIANA*.

À leur vue, j'ai ressenti un mélange de stupeur et d'admiration. Toutes deux discutaient, très à l'aise et bien dans leur peau, bien qu'elles aient été *différentes*. J'aurais aimé avoir une once de leur confiance. Leur fierté.

— Paige ! s'est exclamée maman qui avait remarqué mon admiration muette. Demande-leur de prendre une photo avec toi !

— Oh non, elles ne voudront jamais !

Déjà, maman leur faisait signe.

— Vous savez, ma fille a aussi gagné un concours de beauté !

— Maman, par pitié, ai-je murmuré, gênée.

Mais elles se sont avancées, souriant et riant, et m'ont demandé à quel concours j'avais participé, puis elles m'ont félicitée d'avoir remporté la victoire. Pendant cet échange, maman a levé son appareil photo.

— Souriez !

Toujours très à leur aise, les deux drag-queens ont passé leur bras autour de mes épaules. J'atteignais à peine l'épaule de Miss Gay Indiana ! Mais de me retrouver entre elles, cela m'a donné un sentiment de sécurité inexplicable. Je me suis sentie plus protégée que je ne l'avais jamais été, du moins, plus que je ne l'avais été depuis longtemps. J'ai ri, et maman a pris d'autres photos.

On s'est dit au revoir amicalement. À cet instant précis, je me suis rendu compte que je me sentais mieux. C'est incroyable comme ça vous libère de passer du temps en compagnie de personnes qui n'ont pas peur d'être ce qu'elles sont.

La marche n'a pas duré longtemps. Notre trajectoire comprenait Meridian Street, et le retour vers le Memorial War, les stands et le Patchwork. Les gens ont applaudi et nous ont acclamés durant le trajet.

Mon souvenir de cette marche est un fragment d'images : un jeune homme avec un T-shirt *LIVING AND LOVING LIFE*[1]. Une femme d'un certain âge, les cheveux entièrement blancs coiffés en chignon, et qui portait une pancarte où était écrit, tout simplement : *IL N'Y A PAS UN JOUR SANS QUE JE PENSE À TOI*. Un vieil homme, sur le trottoir, agitant la main sur notre passage. Des chiens en T-shirt rouge qui trottaient avec les marcheurs.

---

1. Vivre et aimer la vie.

Je revois maman, les joues roses et le souffle court, sous le chaud soleil. Erin et Amber riant, comme si cette manifestation était des plus banales. Erin avait un autocollant en forme de ruban rouge sur la joue. Je me souviens aussi d'un sentiment. Celui de me réveiller. Comme si j'avais été plongée dans une espèce de long sommeil dont je me réveillais enfin.

Mes yeux s'ouvraient.

Ils avaient été nombreux ceux qui m'avaient jugée et critiquée parce que j'étais séropositive bien que je n'en sois en rien responsable ni coupable. Mais au milieu de cette foule délirante d'hommes habillés en femme, d'animaux domestiques portant des tutus aux couleurs de l'arc-en-ciel, de vivants se souvenant de leurs morts, de vivants au cœur brisé et déterminés à se battre contre l'oubli, ma présence était d'emblée acceptée. On m'acceptait telle que j'étais. J'avais été exclue et discriminée à Clarkstown. Plus maintenant. Pas ici.

Alors que nous franchissions la ligne d'arrivée, les pompom girls ont secoué leurs pompons et nous ont acclamés.

— *G ! O ! G ! O ! Go, go, go !*

Et j'ai repris en chœur.

Je regrettais de ne plus être une pom-pom girl, mais à cet instant, j'ai trouvé agréable que l'on m'encourage.

J'ai repensé à la carte de visite que j'avais au fond de mon sac et que Marie, militante de Women in Motion, m'avait donnée.

Ce serait bien, me suis-je dit alors. *Oui, ce serait vraiment bien de raconter mon histoire, un de ces jours.*

Participer à AIDS Walk a été libérateur.
Personne ne me regardait comme si ma séropositivité me rendait différente. Et pour la première fois depuis longtemps, j'ai pensé que, peut-être, j'avais trouvé ma place.

Deux mois plus tard, je faisais face au public lors du spectacle Teen Extravaganza. Dans cette grande salle se trouvaient environ deux cents personnes, des inconnus en majorité, assis sur des sièges pliants. Et tous attendaient que je prenne la parole.

Autant dire que j'étais absolument terrifiée. J'avais commencé à paniquer dès que l'on avait pris la route.

— Que se passe-t-il, Paige ? a demandé maman. Tu as déjà gagné des concours de Miss, tu sais donc parler en public.

Maman ne comprenait pas que les Miss n'étaient qu'un spectacle de divertissement, où je jouais un rôle. Je contrôlais la situation, je devais prendre un air assuré et optimiste. Lors d'une élection de Miss, je ne devais pas me révéler et dire, par exemple : *Je suis séropositive.*

Ou : *À cause de ma séropositivité, j'ai perdu des amis.*

Ou : *Les gens m'ont fait souffrir.*

Ou : *J'ai l'impression de ne plus rien contrôler.*

Lors des concours de Miss, je n'avais pas non plus besoin de dire l'entière vérité sur moi. Et telle était précisément ma mission ce soir-là. Déclarer que j'étais séropositive. Dire que des gens m'avaient fait souffrir. Et que j'avais l'impression de ne plus rien contrôler.

Alors que j'attendais mon tour dans les coulisses, j'ai observé des jeunes de mon âge, des inconnus, chanter à tue-tête dans leur micro, accomplir des prouesses artistiques en dansant le hip-hop, ou réciter des poèmes de leur invention. Partout dans la salle, les bénévoles de AIDS Ministry

Network[1] organisaient des tests de dépistage gratuits et distribuaient des brochures d'information sur les infections opportunistes.

J'évoluais dans une espèce de flou parce que mon attention se portait exclusivement sur la feuille de papier que je serrais entre mes mains tremblantes. J'ai scruté la foule dans l'espoir d'y repérer des visages familiers. Maman, Amber ou Marie, que j'avais rencontrée à la AIDS Walk.

J'ai pris plusieurs grandes inspirations et me suis obligée à me calmer. Enfin, je me suis approchée du micro. Je me souviens du ton éraillé et de l'hésitation dans ma voix au début de mon intervention.

— Je m'appelle Paige Rawl. J'ai quatorze ans et je suis séropositive.

Je n'ai pas levé les yeux tandis que je racontais la perte de l'amitié, l'indifférence des enseignants et de l'administration scolaire, le harcèlement et les pseudo-crises épileptiques.

Le silence dans le public était absolu. Mais sitôt que je me suis tue, des applaudissements se sont élevés. Alors

---

1. AIDS Ministries/AIDS Assist of North Indiana (Assistance Sida du Nord de l'Indiana) ou AM/AA, comités créés par l'Église méthodiste unie en 1989 dont la mission est d'aider et soutenir les personnes séropositives et les malades du sida.

j'ai osé regarder le public et j'ai senti un poids tomber de mes épaules. Un poids dont je n'avais pas eu conscience, jusque-là. Je me souviens aussi d'avoir eu la sensation que, peut-être, je n'avais rien à cacher.

Herron High

Herron High, c'était génial. Je m'y suis sentie en sécurité, et épaulée. Malheureusement, je n'avais toujours pas surmonté le traumatisme de Clarkstown. Je crois que personne n'en avait conscience. Même pas moi.

Je suis allée à Herron High pour la première fois pendant mon année de quatrième. Depuis un an déjà, je suivais des cours à domicile. J'étudiais l'histoire et faisais mes interro seule. Je calculais fractions et pourcentages, conjuguais mes verbes et apprenais la chaîne alimentaire seule. Je ne rencontrais mes amies que durant le week-end : Erin, Mariah, Amber et d'autres, du moins, lorsqu'elles n'avaient pas des activités extrascolaires et des devoirs. Mais la plupart du temps, c'est-à-dire au moins cinq jours par semaine, semaine après semaine et mois après mois, j'étais seule.

Ma qualité de vie s'était cependant améliorée. Je n'avais plus eu une seule pseudo-crise épileptique depuis que j'avais quitté Clarkstown. Je dormais également mieux. J'avais cessé de m'automutiler, de grincer des dents et je n'avais presque plus mal au ventre. Cependant, je me sentais frustrée. J'avais la nostalgie des fous rires complices, des activités de groupe et j'avais envie de voir d'autres têtes, enfin, autre chose que les murs de notre maison quand je levais les yeux de mon cahier. J'avais envie de faire du sport, du cheerleading, de danser et de chanter. Je ne voulais plus du huis clos avec maman dans cette maison et du tête-à-tête avec le canapé, la télévision et ma pile de manuels.

J'avais entendu parler de Herron par un parent proche : ce lycée semblait différent de la plupart des établissements scolaires. *Charter school*[1], avais-je lu sur son site internet, *où un enseignement classique des arts libéraux (lettres, sciences sociales et humaines) est dispensé.*

---

1. École publique sous charte, ou sous contrat, véritable laboratoire de l'innovation pédagogique.

Je savais qu'il y avait une chorale niveau avancé, ça tombait bien, j'avais toujours aimé chanter. J'avais lu et relu ces mots : *Connaissance. Développement personnel/motivation. Communauté.* Le terme *Communauté*, surtout, avait retenu mon attention.

Herron High se trouvait au centre d'Indianapolis, précisément, dans l'ancien Indianapolis Museum of Art. Plafonds hauts, escalier monumental, fenêtres et marbres partout... On ne pouvait s'y tromper, on était bel et bien dans un musée. Herron me semblait conforme aux établissements scolaires de New York, Londres ou Paris, avais-je confié à maman lors notre première visite des lieux. J'avais l'impression de me trouver à un million d'années de Clarkstown. J'avais aussi remarqué de nombreux détails. Par exemple, il ne semblait y avoir ni clan, ni conciliabule ni mauvais esprit. Au contraire, la communication et les interactions semblaient constantes et fluides.

J'avais aussi remarqué des bustes de style antique, sur les bureaux des enseignants. J'avais assisté au cours de latin et écouté le professeur allier, avec brio et de grands gestes, la conjugaison des verbes à la mythologie. À la fin du cours, j'avais examiné la statuette sur le bureau, sans réussir à identifier qui elle représentait. Le professeur avait remarqué mon intérêt.

— C’est Aristote. Tu sais qui c’est ?

J’avais secoué la tête négativement et soulevé la statue.

— Un philosophe grec qui s’intéressait à l’éthos, autrement dit à la manière d’être, aux habitudes d’une personne et à la vertu.

J’avais acquiescé d’un air entendu. Il avait donc continué.

— Selon Aristote, l’homme, appelé à être bon, doit recevoir une éducation et des habitudes d’homme de bien. Qu’est-ce que tu en penses ?

J’avais haussé les épaules et observé le buste après qu’il l’eut reposé. Puis j’avais levé les yeux sur lui.

— Je pense que les gens ne le savent pas assez.

Il avait ri.

— Tu verras aussi des bustes de Platon, Shakespeare et de nombreux autres. Chaque année, nous en avons de différents. C’est pour nous rappeler que nous devons contribuer à promouvoir la justice et la sagesse dans notre monde.

J’avais hoché la tête. Je sortais de la salle quand il m’a rappelée.

— Paige ?

Je m’étais retournée.

— J’espère que je te reverrai.

Il avait semblé sincère.

Voilà aussi ce qui m'avait frappée à Herron : les rapports profs-élèves. Les enseignants étaient plus détendus et, aussi, plus bienveillants. Ils regardaient leurs élèves droit dans les yeux. Ils me regardaient, *moi*, droit dans les yeux.

Je me sentais comme chez moi dans ce lycée aux objectifs pédagogiques et humanistes ambitieux. Alors peut-être était-il fait pour moi ?

Peu après, Miss Lane, l'assistante du principal de Herron High School nous a reçues, maman et moi, dans son bureau. Elle était sérieuse et cependant agréable. Sans faux sourire plaqué sur les lèvres.

Cela m'a plu. Je n'ai jamais aimé les sourires de façade. Quant à maman, elle était terriblement nerveuse. Elle s'est lancée dans le récit de ma scolarité à Clarkstown. Miss Lane l'écoutait. De temps en temps, elle me souriait.

— Paige a eu de nombreux problèmes dans son précédent établissement, a débité maman à toute vitesse. Elle avait beaucoup d'amis, mais elle a été harcelée.

— J'en suis sincèrement désolée. Nous ne tolérons pas le harcèlement à Herron.

— Je m'explique, a poursuivi maman, ma fille faisait partie d'un groupe mais le groupe soudain s'est retourné contre elle. Comme une meute se retourne contre l'un des siens, vous voyez ?

Miss Lane a hoché la tête. Elle allait intervenir mais maman a continué.

— Cette attitude était inattendue de la part d'élèves disciplinés et sans problèmes. De bons élèves, de surcroît. Issus de bonnes familles. Mais ils ont été impitoyables. Et personne n'a réagi. Le personnel éducatif n'a pas...

— Madame Rawl...

— Le principal a accepté que Paige quitte son collège, soit déscolarisée. On ne pouvait en effet lui garantir sa sécurité. C'est comme si l'administration scolaire baissait les bras et...

— Cela a sans doute dû...

— Et maintenant, Paige étudie à la maison, poursuivait maman dans son élan. Elle ne peut plus pratiquer ses activités favorites. Elle est démotivée... Je n'arrive pas à croire que...

— Madame Rawl ?

Miss Lane avait parlé avec calme.

— Je puis vous assurer que Herron ne tolère pas...

— Rien n'a été entrepris. Personne n'a été puni ! Ce dont ma fille a besoin...

— Maman ? suis-je intervenue à mon tour.

— C'est d'un collège où…

— Maman !

— … elle sera en sécurité et protégée de…

— *Maman !*

Miss Lane a regardé maman droit dans les yeux.

— Nous ne tolérons pas le harcèlement à Herron, madame Rawl, a-t-elle prononcé distinctement.

Maman a gardé le silence, le temps d'assimiler cette information. Puis elle a froncé les sourcils.

— Mais… face à des adolescents, comment pouvez-vous… ?

Maman, perplexe, s'est interrompue.

— Nous ne tolérons pas le harcèlement, un point c'est tout, madame Rawl. Les élèves de Herron doivent agir conformément à nos attentes, c'est aussi simple que cela.

Ma mère a regardé de tous les côtés, l'air déconcerté. Enfin, elle s'est détendue.

— Eh bien, d'accord… Oui… je vois…, a-t-elle conclu.

C'est aussi simple que cela, ai-je pensé. *À Herron, on ne tolère pas le harcèlement.*

Maman a sorti de son sac à main l'article que l'*Indianapolis Star* m'avait consacré. Car maman n'avait toujours pas évoqué ma séropositivité. Elle l'a tendu à Miss Lane.

— Il faut que vous sachiez, a-t-elle dit. Il s'agit de Paige. De son histoire.

Miss Lane a lu. Puis elle a levé les yeux et m'a regardée bien en face.

— Je suis désolée, Paige. Cela n'arrivera pas ici.

Elle s'était exprimée avec conviction et sincérité.

L'enquête suite à notre plainte traînait en longueur. J'entendais l'exaspération de maman chaque fois que notre avocat téléphonait.

— Comment ? Qu'est-ce qu'ils ont dit ?

Ou encore :

— Mais, ça ne s'est pas du tout passé de cette façon !

Une fois qu'elle avait raccroché, je l'accablais de questions auxquelles elle tardait à répondre.

— Selon l'avocat de Clarkstown, tes pseudo-crises épileptiques n'étaient pas dues au stress, mais elles étaient la conséquence de ta chute de la pyramide des pom-pom girls.

— Quoiii ? m'écriais-je. J'ai passé une IRM, non ? Je n'avais rien à la tête. Je n'avais même pas de traumatisme crânien. Comment expliques-tu le fait que mes pseudo-crises ont disparu dès que j'ai cessé de fréquenter Clarkstown ?

Maman disait aussi :

— Je suis étonnée, chérie... Ils affirment n'avoir jamais eu les messages que j'ai laissés à Miss Fischer.

— Non ? C'est une blague ? Soit ils mentent soit ils sont carrément incompétents !

Pour finir, maman soupirait et moi, je me rendais dans la salle de bains où je mettais la musique à fond ou bien j'allais me réfugier, bras croisés, dans ma chambre.

Lors de notre entrevue à Herron, Miss Lane a lu l'article de l'*Indianapolis Star*. Elle m'a rassurée. À Herron, je serai en sécurité. Ce qui contredisait l'ancien aveu, de faiblesse, de Miss Fischer : « Je ne peux te promettre de garantir ta sécurité. »

— Je vous remercie, madame Rawl, a conclu Miss Lane. Puis-je en faire une copie ?

Maman a opiné.

— Volontiers.

Miss Lane s'est levée et s'est absentée un instant.

— Je pense que c'est bon, ai-je annoncé à maman. Je crois que je vais aimer ce lycée.

Une fois que j'ai été inscrite, maman et moi avons rencontré l'infirmière de Herron High School. C'était les grandes vacances, mais maman voulait d'ores et déjà évoquer avec elle mon traitement. Elle voulait lui parler de mes pseudo-crises épileptiques, au cas où elles se reproduiraient.

Pendant que maman et l'infirmière s'entretenaient, j'ai regardé autour de moi. Mon regard est tombé sur un sac en plastique blanc posé à côté de son bureau. Il y avait un ruban rouge avec les mots Indiana AIDS Fund[1] imprimés dessus. Je m'en suis approchée, et j'ai constaté qu'il contenait des dépliants. L'infirmière m'a souri.

— Je me suis adressée aux organismes compétents, a-t-elle expliqué, je voulais m'assurer que nous étions bien informés pour aider les élèves séropositifs.

— Vraiment ? s'est exclamée maman ébahie.

— Bien entendu, a confirmé l'infirmière l'air un peu surpris par sa réaction. Nous sommes un établissement scolaire et nous devons toujours restés informés.

Elle m'a regardée, puis a reporté les yeux sur maman.

— Cela relève de notre responsabilité, a-t-elle déclaré comme si cela allait de soi. Paige est maintenant l'une de nos élèves.

Là-dessus, elle a précisé sa pensée.

---

1. Organisme de dépistage, prévention et réduction des risques VIH/sida.

— En informant nos élèves, on les incite à s'informer par eux-mêmes.

Je me suis revue deux ans plus tôt lorsque Miss Ward m'avait proposé de nier ma séropositivité. Je me souvenais de son expression à la fois joyeuse et enjouée, comme si sa proposition était la meilleure invention depuis celle de l'eau chaude. À cet instant précis où je me trouvais dans l'infirmerie de Herron, j'ai enfin compris ce que j'avais attendu de sa part, ce jour-là. Miss Ward n'avait que le choix de la démarche à adopter. Par exemple, elle aurait pu prononcer ces mots : « Merci de m'avoir informée, Paige. » Ou : « Je suis désolée que tu doives affronter une pareille épreuve. » Voire : « Comment puis-je t'aider, Paige ? » Et si elle n'avait pas trouvé les mots, elle aurait pu simplement déclarer : « Je ne sais pas grand-chose sur le VIH, je ne sais pas comment gérer la situation, mais je vais me renseigner. »

Voilà ce que j'aurais aimé par-dessus tout. Que Miss Ward s'informe. Peut-être ne savait-elle pas comment aider un enfant séropositif, mais elle aurait au moins pu s'informer, de façon à informer à son tour. Elle aurait pu être plus courageuse, avoir plus le sens des responsabilités et un vrai esprit d'initiative. Je me souviens de son visage, de son grand et beau sourire qui ne m'aidait en rien. Je la détestais. Je détestais Miss Ward et toutes ces personnes qui appartenaient à ce passé-là. Leur pensée m'a rendue amère.

J'ai regardé maman et l'infirmière. Les yeux de maman étaient embués par les larmes. Je savais qu'elle se sentait soulagée de ne plus être seule. Enfin ! Je me suis approchée d'elle. Elle m'a adressé un sourire chaleureux et si heureux... Si j'avais pu mettre un tel sourire en flacon, j'aurais pu en respirer la fragrance en cas de besoin et de nécessité. J'ai posé ma tête sur son épaule, et elle m'a embrassée sur le sommet de la tête.

Herron a incarné l'espoir dès le premier jour. J'y avais bel et bien trouvé ma place... C'était, et c'est toujours, un établissement idéal. Fait pour moi. Mais.

Mais il y avait encore bien des choses dont je n'avais pas conscience. Je n'avais pas compris que les épreuves, les brimades et les humiliations, les surnoms humiliants, les messages méchants, le sentiment désespéré que la vie échappait à tout contrôle, que l'isolement croissant et la solitude qui en résultait s'étaient enracinés en moi.

Je n'avais pas compris que leurs effets étaient en veille, comme un virus. Je n'avais pas compris qu'un changement radical de cadre, la fréquentation d'un établissement scolaire plus accueillant, ne suffirait pas à effacer le traumatisme. Il faisait nuit en moi. Longtemps encore le jour tarderait à pointer. Herron ne pouvait faire reculer la nuit. Miss Lane non plus. Ou l'infirmière. Voire Aristote.

Moi seule en avais le pouvoir. Mais je n'étais pas encore prête.

Se délivrer

Les moments importants de votre existence surviennent presque toujours à l'improviste, mais l'on ne s'en rend compte que rétrospectivement.

Nous étions au mois de septembre. J'étais en classe de troisième. Je fréquentais Herron depuis déjà un mois. Aucun incident désagréable ne s'était produit. Mieux, j'adorais mon lycée. J'avais fait ma rentrée plus tard que les autres élèves, car avant le Labor Day[1], j'avais souffert d'une méningite assez sévère. J'avais eu beaucoup de fièvre, des maux de tête et une raideur dans la nuque. Cette méningite s'était déclarée si vite que j'avais été hospitalisée d'urgence.

Lorsque, une fois guérie, je suis retournée à Herron, les élèves avaient déjà trouvé leurs repères et pris leur rythme. J'en ai ressenti la plus vive anxiété : sans encore les connaître, j'étais déjà différente. Mais maman avait fermement chassé ma peur.

1. Fête du travail, le premier lundi de septembre est un jour férié très suivi.

— Tu vas adorer Herron, Paige. J'en suis convaincue.

Ma méningite était loin derrière moi et maman avait eu raison. J'adorais Herron. J'aimais que mon nouveau lycée mette à l'honneur les travaux artistiques des élèves sur ses murs. J'aimais ses bâtiments, les moulages au plafond, l'ouvrage de ferronnerie des rampes d'escalier ainsi que le sentiment de grandeur que me procurait cette architecture de musée. J'aimais déjeuner avec les autres élèves, parler avec eux indifféremment dans les couloirs. J'aimais appartenir à un groupe et non en être exclue. J'aimais la façon dont les enseignants s'adressaient à nous, comme si nous étions des adultes et non des ados. J'aimais l'assurance qui en découlait, cette certitude de pouvoir prendre le monde à bras-le-corps. J'aimais mes cours, j'aimais faire partie des vingt et quelques élèves de ma classe et d'ouvrir le même livre à la même page en même temps. J'aimais ne plus me sentir seule...

Mais.

En ce qui concernait ma vie extrascolaire, maman et moi, nous nous dirigions vers une audience de conciliation. Les rendez-vous avec les avocats, les coups de téléphone et conversations qui s'éternisaient sur les événements de Clarkstown commençaient à me peser. Je ne comprenais pas pourquoi c'était aussi compliqué.

C'est pourtant arrivé exactement comme je le dis ! avais-je envie de hurler.

Ces tergiversations me donnaient l'impression que l'on ne me croyait pas. Que j'inventais. Il y avait eu la méningite, maintenant, il y avait la phase d'investigation et d'instruction préalable faisant suite au dépôt de plainte. Mais le problème, ce n'était pas la méningite ou la procédure entamée, et encore moins Herron.

Le problème était ailleurs.

Il y avait eu des signes avant-coureurs. Je m'en rends compte désormais. Par exemple, le premier jour de l'entraînement de soccer, j'avais été en proie à une telle nervosité que je tremblais de tous mes membres. J'avais même vomi. Maman était venue me chercher au lycée et on avait dû m'aider à aller jusqu'à la voiture. Sans doute une indigestion ou une gastro. C'est ce que j'avais dit aux autres.

Ce n'était pas tout.

Je pleurais beaucoup, sans raison. Parfois aussi, j'avais du mal à respirer. J'avais l'impression que le monde se refermait sur moi et que l'air devenait si dense que je suffoquais. Et puis il y avait ces moments, tout aussi déroutants, où je me sentais déconnectée de ma personne. J'avais l'impression de me déplacer mécaniquement.

Comme ce soir-là.

Maman regardait la télévision dans la cuisine. Nous venions de dîner. Je suis allée dans la salle de bains. Mes pieds me portaient, littéralement. Un pas, deux, trois et quatre jusqu'à la salle de bains. Arrivée là, mon regard est tombé sur les serviettes de toilette à fleurs de maman. Brunes et turquoise, soigneusement pliées en quatre. Puis sur le rideau de douche et le tapis de bain coordonnés. Le séchoir à cheveux suspendu à un crochet près du lavabo. Sur le lavabo, un verre vide. Des pots remplis de savonnettes et de lotion au beurre de cacao étaient positionnés de chaque côté du lavabo. J'ai fermé la porte. Derrière, j'ai avisé le meuble de salle de bains. Blanc et à peu près à hauteur de tête.

Je l'ai ouvert.

Les objets du quotidien sont comme une nature morte ou une photo que vous avez tous les jours sous les yeux et dont vous connaissez la composition et la disposition par cœur.

Sur l'étagère du bas, la bouteille d'Ajax. À côté, la trousse à pharmacie et des compresses, le déo et les savons. Sur l'étagère intermédiaire, l'eau oxygénée, la mousse pour les cheveux, les pastilles pour la gorge et le flacon de Listerine. Sur l'étagère supérieure, les tubes de dentifrice, un panier rose rempli de vernis à ongles, les cotons-tiges. Je me suis demandé si on avait un jour terminé une boîte de cotons-tiges. Puis j'ai cessé de me le demander. Ce n'était donc pas comme si mon cerveau avait cessé de fonctionner.

C'est sur l'étagère supérieure que s'est arrêtée mon attention. On rangeait là les stupides pilules que maman et moi absorbions chaque jour et qui étaient indispensables à notre survie. Il y avait aussi des stimulants de l'appétit destinés à me faire prendre quelques kilos, à me donner envie des crèmes desserts que maman sans cesse m'obligeait à manger. Mes comprimés pour traiter ce que désormais j'appelais mes « crises de Clarkstown ». Et les anxiolytiques que maman prenait pour maîtriser ses attaques de panique occasionnelles déclenchées par le stress associé au VIH et à l'effort soutenu pour nous maintenir en bonne santé.

Aucun ne m'intéressait. Ma main semblait appartenir à une autre que moi et s'est levée indépendamment de ma volonté. Cette main s'est emparée d'un flacon de somnifères de maman. Combien de cachets en contenait-il ? Quelle importance... Je connaissais l'usage et les précautions d'usage et je savais qu'il y avait la quantité nécessaire. J'ai versé son contenu dans ma main droite, j'ai tourné le robinet, pris le verre et l'ai rempli d'eau.

Puis j'ai avalé les comprimés un à un, les comptant en même temps. Un. Deux. Trois. Quatre. Jusqu'à quinze. Un comprimé pour chaque année de ma vie.

Il ne m'a fallu qu'une minute pour les avaler. Quand j'ai terminé, je me suis regardée dans la glace. La lueur du néon, au-dessus, vacillait faiblement. Je me suis arrachée à mon immobilité pour revisser le capuchon sur le flacon que j'ai replacé sur l'étagère. J'ai refermé l'armoire à pharmacie.

Je me suis assise sur le rebord de la baignoire et j'ai attendu. J'avais toujours la sensation que cela arrivait à une autre. C'était complètement irréel.

Au début, rien. Au bout d'une minute ou deux, toujours rien. Mais le néon a grésillé. Au bout d'un moment (combien de temps ? Dix, vingt minutes ?), j'ai eu du mal à garder les yeux ouverts. Et au bout d'un moment plus long (longtemps ? Je ne sais pas), je me suis sentie fatiguée. Je me suis levée. J'avais envie de dormir. Le néon grésillait vraiment fort. D'autres bruits me sont parvenus. Le grincement de la porte de la salle de bains qui s'ouvrait, le déclic du ressort de la poignée de la porte. Le son de mes pas jusqu'à ma chambre, le raclement du tiroir que maman ouvrait dans la cuisine. Il y avait de la lumière et des couleurs. Trop de lumière. Trop de couleurs.

Fermer les yeux…

Le monde a un problème, ai-je songé. Trop bruyant. Trop à penser. Dormir… Telle était ma réponse à ce trop-plein. Dormir… Délice et apaisement. Grâce au sommeil, je ne penserais plus à l'audience, ne redouterais plus de croiser des ados de mon quartier ou de devoir sans cesse m'expliquer ou me justifier. J'avais le pouvoir de calmer tout ce bruit. M'allonger. L'anéantir.

J'ai refermé la porte de ma chambre et je me suis étendue sur mon lit. Le volume de la télévision me parvenait de la cuisine. Maman regardait les nouvelles du monde ou les nouvelles du monde des people, ce qui n'était pas vraiment la même chose. Une star, je ne sais qui, racontait sa cure de désintoxication. Aucun intérêt. Ce n'était que du bruit.

Il faut que j'avertisse maman, me suis-je soudain dit. Lui révéler combien le sommeil allait tout apaiser. *Maman aussi pourrait avoir besoin d'apaisement.*

J'ai fixé le plafond. Tournait-il ou était-ce un effet de mon imagination ? J'ai fermé les yeux. Le monde s'est évanoui. Tout à coup, je me suis redressée et je me suis relevée ce qui a été, incroyablement, difficile. C'était comme si j'essayais de contrôler des bras et des jambes qui n'étaient pas les miens.

J'ai marché vers la porte, j'en ai saisi la poignée. *Oui, c'est bien la poignée de la porte,* ai-je pensé, sentant sa forme dans la paume de ma main. Ronde, dure et un peu froide. Il suffisait de la tourner. Je suis sortie de ma chambre et je me suis rendue dans la cuisine. Parler était difficile aussi. Il fallait réfléchir. *C'est bizarre, des lèvres, quand elles bougent mal.*

— Maman ?

Maman appuyée contre le comptoir avait les yeux braqués sur l'écran de télévision.

— Mmm ?

— Je crois que j'ai fait une connerie…

Elle a dû l'entendre dans ma voix, parce qu'elle a fait tout de suite volte-face. L'expression de son visage a changé, son regard a vacillé. Elle m'a observée de la tête aux pieds à une vitesse inimaginable.

— Qu'est-ce que tu as fait, Paige ?

Sa voix n'était qu'un murmure et avait une tonalité que je n'avais jamais entendue. *Panique,* a pensé la partie de mon cerveau déconnectée. *La tonalité de la panique.*

Et ensuite : *Oh non, je suis partie en vrille et je lui donne du souci.* Comme d'habitude…

— Maman ?

Je ne voulais pas l'affoler. Mais sa panique me donnait envie de pleurer.

— Maman ?

Je parlais avec une voix de petite fille qui semblait venir de loin. Maman s'est précipitée.

— Oh Paige ! Je t'en prie, dis-moi ce que tu as fait !

— J'ai… avalé… des… comprimés…

Je parlais au ralenti. Murmure de maman.

— Oh mon Dieu !

— Je… crois… qu'il… faut… aller… à… l'hôpital.

Maman m'a prise par la main, a saisi ses clés et m'a conduite vers le garage, laissant les lumières et la télévision allumées. On a quitté une maison bruyante et inondée de lumière.

— Oh mon Dieu, Paige ! Oh non, mon Dieu !

Elle m'a poussée dans la voiture, a bouclé ma ceinture de sécurité, les mains tremblantes. Et nous avons pris la route que je connaissais si bien, qui conduisait à Riley. Pendant le trajet, maman m'a pressée de questions.

— Quels comprimés as-tu pris, chérie ? Dis-moi.

— Trazodone.

— Combien ?

Silence. Parler fatiguait.

— Combien, Paige ? Dis-moi combien, a-t-elle insisté en élevant la voix.

J'ai remarqué ses mains sur le volant. Elle le serrait si fort que ses jointures étaient blanches. Je me souviens de l'avoir remarqué.

— Quinze.

Si ma voix était à peine audible par-dessus le bruit du moteur, j'ai entendu maman souffler. Elle a accéléré et conduit plus vite que jamais. Ma perception du temps avait changé. Il passait rapidement et à la fois lentement. C'était comme si la voiture se trouvait dans une faille temporelle et moi, dans une autre. Maman slalomait entre les autres véhicules et tout, autour de moi, se déroulait à une vitesse fulgurante. J'avais du mal à me concentrer. Je ne voulais que poser ma tête et fermer les yeux. Ce ne serait pas grave si je les fermais ne serait-ce qu'une minute… Mais chaque fois que j'appuyais la joue contre la vitre, je recevais une secousse et me cognais le front.

— Ne dors pas, Paige !

Maman avait crié. Elle m'a saisi le bras et m'a secouée.

— Chérie, tu ne peux pas. Tu ne dois pas ! Ne les laisse pas remporter la victoire. Cela n'en vaut pas la peine !

Je ne réussissais pas à me concentrer sur ce qu'elle disait. Trop de mots. En un flux trop rapide.

— Pourquoi, Paige ?

Au fond, je savais qu'elle n'attendait pas vraiment de réponse.

— Oh, Paige !

Maman ne cessait de me regarder.

— Ne t'endors surtout pas. Par pitié, ne t'endors pas !

Une fois arrivées sur le parking de Riley, elle a freiné. Maman agissait à la vitesse de l'éclair. Elle était à peine descendue de voiture, que déjà, elle ouvrait ma portière et me secouait.

— Viens vite !

Elle m'a tirée, obligée à me redresser, puis à me lever. En vain. Aucune réaction dans mon corps. C'était comme d'être noyée.

Alors je l'ai entendue crier.

— À l'aide ! C'est une urgence ! Au secours !

La situation ressemblait à la scène de ces films que maman et moi on regardait à la télévision jusque tard dans la nuit, reniflant et essuyant nos larmes à la fin. Sauf que, dans le cas présent, je faisais partie du film, maman aussi, mais c'était surréaliste parce qu'en même temps, j'en étais acteur et spectateur.

En un clin d'œil, le personnel hospitalier m'a entourée. Maman qui était jusqu'alors à mes côtés ne l'a plus été. L'implacable envie de dormir et l'impossibilité à mouvoir mes lèvres n'avaient plus d'importance... Parking, portes. L'on m'a transportée dans une pièce très éclairée.

Les médecins, infirmières, soignants ont défilé les uns après les autres pour m'accabler de questions. C'était difficile de les suivre, de les distinguer les uns des autres. J'ai passé cette première nuit à Riley sous surveillance monitorée constante. Comme je venais de faire une tentative de suicide, jamais je ne devais rester seule, même pour aller aux toilettes. J'étais trop lasse pour m'en soucier. J'étais si fatiguée.

Lumière vives. Blouses blanches. Pyjamas de bloc. Pourquoi tout le monde est vêtu de la même façon à l'hôpital ? On ne sait pas qui est qui, de l'aide-soignant ou du médecin.

Tous allaient et venaient.

On m'a obligée à boire un breuvage noir au goût atroce qui m'a fait terriblement mal au ventre.

J'ai entendu des murmures.

Charbon actif. Battements du cœur irréguliers. Possibilité d'organe endommagé.

J'ai vomi. Je n'ai cessé de vomir.

État grave.

Je dormais. Je me réveillais. Des mains sur moi. Je refermais les yeux. Quand je les rouvrais, telle ou telle personne était partie, et remplacée par d'autres.

Maman a été à mon chevet. Ne l'a plus été. Est revenue. Repartie. Présente. Absente. Échanges chuchotés. Lumières vacillantes et grésillant. Comme le néon de notre salle de bains.

À quand remontait mon incursion dans la salle de bains ? Une heure ? Une journée ? Une éternité ?

À un moment donné au cours de la nuit, l'un des membres de l'équipe médicale m'a interrogée : « Tu as vraiment voulu te suicider ? » Je devais commencer à revenir à moi, au sens propre et figuré, parce que j'ai su la réponse.

Peut-être.

Peut-être y avait-il fallu que j'en arrive à cette extrémité pour que ça s'arrête ? D'une façon ou d'une autre, je voulais que cessent les commentaires et la solitude, mon mal-être, la peur de ne jamais m'en sortir…

J'ai tourné le dos et fixé le mur.

Au matin, le docteur Cox est entrée dans ma chambre. J'avais repris mes esprits, plus précisément, j'étais redevenue moi. Enfin presque. Assez, en tout cas, pour imaginer le docteur Cox décrochant son téléphone et recevant cette information : *Paige Rawl a été hospitalisée à la suite d'une TS.* J'ai repensé à ce que le docteur Cox avait fait pour moi, au temps et à l'énergie qu'elle m'avait consacrés pour que je reste en bonne santé et en vie pendant toutes ces années. Et j'ai ressenti de la honte. Un jour pourtant, j'avais eu la conviction que je n'éprouverais jamais de honte en présence du docteur Cox.

— ... pas de séquelles permanentes..., ai-je entendu dire le docteur Cox... Paige est tirée d'affaire.

Pas de séquelles permanentes.

J'ai fermé les yeux.

— Je pensais que ça allait mieux, Paige, a déclaré le docteur Cox avec calme. Je pensais que ta situation s'était améliorée.

— C'est le cas, ai-je répondu, et c'est le plus étrange, justement.

J'ai voulu lui expliquer mon désir que « ça s'arrête ». Il y avait un million de choses auxquelles je voulais mettre un terme.

La peur de revivre à Herron ce que j'avais vécu à Clarkstown. Le choc d'avoir été hospitalisée si vite à la suite de ma méningite, l'épuisement absolu qui avait suivi et persistait. Le stress de la procédure et des questions de l'avocat. La sensation de devoir me défendre seule alors que les responsables et coupables continuaient de vivre tranquillement. Impunément. L'angoisse des éventuelles interactions médicamenteuses, j'avalais tellement de comprimés : il y avait le traitement anti-VIH vital, mais aussi les antidépresseurs et les stimulants de l'appétit, tous les deux destinés à contrer les effets secondaires du premier.

Ne les laisse pas remporter la victoire, avait lancé maman dans la voiture... Les élèves de Clarkstown s'étaient insinués en moi et avaient fait de moi ma propre ennemie, à l'instar d'un virus hérissé de pointes qui faisait de mon système de défense immunitaire un ennemi.

J'avais voulu me délivrer, enfin avoir la paix. Et la fin avait justifié les moyens.

Peu après, je me suis retrouvée dans une ambulance. De nouveau... Que d'ambulances dans ma vie, et pourtant, je n'avais que quinze ans. J'ai observé les équipements médicaux nécessaires pour maintenir les gens en vie dans les cas d'urgence. Puis les portières se sont refermées derrière moi, on a pris la route. On roulait lentement, pas comme les fois où je reprenais conscience dans l'ambulance après mes pseudo-crises épileptiques. On s'est éloignés de Riley, cet hôpital que je connaissais si bien et qui était presque ma seconde maison. Notre but : un centre de gestion du stress destiné aux adolescents. Tout simplement un centre antistress. Une infirmière m'avait expliqué que j'y serai en sécurité.

Mais pour plus de sécurité, on m'y enfermerait après m'avoir retiré ma ceinture et mes sneakers.

Centre de gestion du stress

Mon premier souvenir, à mon arrivée dans le Northside Pavilion, c'est Bob l'Éponge.

C'était dans la grande salle de jour. La télévision qui s'y trouvait diffusait le dessin animé de la série : Carlo essayait d'apprendre à Bob l'Éponge et à d'autres créatures marines à jouer à des instruments de musique. Quand ils soufflaient dans leurs instruments à vent, des bulles en sortaient. Quelques ados regardaient. Personne ne riait.

C'était le soir. J'avais passé la journée à répondre à des questions. « Comment te sens-tu maintenant ? Tu entends des voix ? Quels médicaments prends-tu ? » Maman ne m'avait pas quittée d'une semelle jusqu'à ce qu'une infirmière l'informe qu'il était l'heure de nous quitter.

« Ne pars pas », l'avais-je suppliée, la retenant. « Je t'en prie, ne me laisse pas seule ici. » Je ne connaissais pas cet endroit. Je savais juste que ce n'était pas chez nous. J'ai pleuré à chaudes larmes dans ses bras. L'infirmière m'a regardée étreindre maman comme une petite fille. Elle a entendu mes gros sanglots et m'a entendue suffoquer. Pourtant, son visage est resté impassible ; cette femme n'exprimait ni mépris ni surprise. Dès lors, j'ai compris qu'un centre antistress, ce n'est pas comme dans un collège ou un lycée. On y laisse libre cours à sa tristesse et le personnel soignant y est habitué. Maman m'a cajolée et serrée dans ses bras jusqu'à ce que l'infirmière intervienne.

— Madame Rawl ?

Maman a réussi à reculer. Elle a fait demi-tour rapidement, s'est éloignée sans se retourner. J'avais conscience de sa détresse et de son inquiétude. Moi, je suis revenue sur mes pas. J'ai franchi la porte qui a claqué en se refermant derrière moi. J'avais les jambes en coton, j'allais défaillir. Je ne désirais rien de plus que m'évanouir. M'effondrer. Hier encore, je faisais tranquillement mes devoirs. Ce soir, maman me laissait seule, et moi j'étais désormais confinée du mauvais côté de cette porte qui venait de se refermer.

Pantalon de pyjama ou de survêt : telle était la mode des patients du centre, ai-je remarqué en regardant autour de moi dans la salle de jour. Je n'ai pas vu un seul miroir, des photos ou des posters encadrés. Tous les enfants et ados présents, vêtus de vieux T-shirts semblaient n'avoir jamais souri de leur vie. J'ai remarqué un garçon, obèse, petit et trapu qui portait des claquettes, un short de basket et un

T-shirt Cookie Monster[1] XXL. Il faisait sans doute quatre fois mon poids. Assis et épaules voûtées, il fixait le sol, l'air hébété.

Ce n'est pas possible, je rêve ! Je ne vais pas séjourner là, avec tous ces gens, ai-je aussitôt pensé. Je redoutais d'être absorbée par leur désespoir. Cookie Monster a levé la tête et m'a adressé un signe. J'ai aussitôt détourné les yeux. Une voix de garçon aux inflexions féminines s'est soudain élevée derrière moi.

— Oh quelle chance ! Ravi de te voir, *toi* !

Je me suis retournée. Un black de mon âge, très mince, s'approchait. Il m'a prise par le bras comme s'il me connaissait et cependant, j'étais certaine de ne l'avoir jamais vu de ma vie.

— Toi, tu es normale, pas vrai ? Cool, parce que ces bouffons dépressifs me collent grave le bourdon, a-t-il murmuré.

Très bien. Je survivrai aussi longtemps que j'aurai un ami.

Une journée au centre antistress se résume à des réunions (thérapie de groupe, thérapie individuelle, thérapie brève centrée sur la solution ou thérapie brève

1. Macaron le Glouton de l'émission pour enfants « 1, rue Sésame ».

systémique), censées vous aider à entrevoir la solution à vos problèmes.

Lors de ma première réunion de groupe, le thérapeute, un certain Brendan, a demandé aux participants de se présenter : prénom, âge et raison de sa présence au centre. Nous étions une dizaine, assis en cercle dans un coin de la salle de jour.

Louis, le garçon qui m'avait prise par le bras le premier soir, habitait à environ soixante-dix kilomètres d'Indianapolis. Ses parents, très religieux, ne le comprenaient pas et Louis ne les comprenait pas non plus. Il avait été agressé à de nombreuses reprises, dans son établissement scolaire, parce qu'il aurait été gay.

— C'est possible que je le sois, a-t-il dit, se trémoussant sur sa chaise. Mais je ne veux surtout pas le dire.

Là-dessus, Louis a regardé dans ma direction, acquiescé et murmuré sur le ton de la confidence : « Je suis gay. » Tout le monde pouvait le voir et l'entendre. J'ai été prise de fou rire, mais je me suis arrêtée net. Rire ici semblait déplacé.

Louis a aussi expliqué qu'il avait eu des problèmes de boulimie, qu'il souffrait de crises de panique aiguës que sa mère qualifiait de « sautes d'humeur » et qui, certains matins, le clouait, littéralement, au lit.

Ah là, oui, je comprends, ai-je pensé. *Je sais ce que c'est.*

Au bout d'un moment, une fille aux cheveux noirs raides a pris la parole.

— Moi, je m'appelle Stacy.

Elle nous a regardés tour à tour.

— Habituée des lieux. Trouble obsessionnel compulsif. Ou TOC. Dépression. Automutilation.

Il y avait d'autres situations et tragédies. Une fille de quatorze ans avait été violée par un membre de sa famille. Une autre était sujette à des crises de panique et d'anxiété qui avaient empiré après que son père avait embarqué pour l'Afghanistan : « Le plus dur, confiait-elle, c'est de savoir qu'il est là-bas à se faire du souci pour moi. » Une autre fille, mince et jolie, au look classique et joueuse de tennis, était quant à elle mutique. Elle portait un sweat-shirt dont elle tirait les manches sur ses poings. Comme moi, à un moment donné. Je me suis demandée si ses poignets portaient des traces et cicatrices.

J'ai raconté mon histoire dans les grandes lignes. Paige. Quinze ans. Séropositive. Harcelée. Stacy m'a lancé un regard dur.

— Tu es séropo ? Alors qu'est-ce que tu fais là avec nous ? a-t-elle lancé comme si je méritais d'être mise en quarantaine.

Je l'ai pris en pleine figure. *Super, tu veux dire que je ne vaux même pas la peine d'être parmi vous ?* Brendan est intervenu.

— Stacy, je t'assure que tu ne coures aucun danger.

Le regard de Louis a croisé le mien. Il m'a montré discrètement Stacy et fait mine de vomir. Tout le monde ne voulait donc pas m'exclure. Je me suis sentie rassurée.

— Écoute, Paige, a poursuivi Brendan. Les personnes ici présentes ont déjà entendu ce que je vais te dire : au Northside Pavilion, la thérapie est basée sur une règle stricte. Nous voulons que tu identifies tes forces pour corriger les pensées et les croyances parfois fautives et négatives.

J'ai acquiescé. *Après avoir entendu les histoires des autres au cours du dernier quart d'heure, je pense avoir déjà identifié mes forces…*

À leur différence, je ne souffrais pas d'addictions, je n'avais pas été victime de violence sexuelle, je ne souffrais pas non plus d'hallucinations, de psychose, de phobies et de troubles obsessionnels compulsifs et, enfin, je n'étais pas non plus agressive.

Si j'en croyais les standards de ce centre antistress fermé de l'intérieur sur le monde extérieur, j'allais plutôt bien.

Bien.

C'était un mot qui revenait souvent. Lors de ces sessions, nous devions dire comment nous allions. Bien, disions-nous les uns après les autres. « Bien, je crois. » « 'Sais pas. Ça va bien. »

Puis tout à coup, l'un d'entre nous pleurait parce que finalement, personne ici n'allait bien. Si on était allés bien, on n'aurait jamais été là. On ne formerait pas ce cercle, dans la salle de jour et sous l'œil de soignants quasi omniprésents (ronde tous les quarts d'heure). On n'aurait pas porté des pantalons de pyjama ou de survêt sans leurs cordons ou élastique (confisqués), qu'il fallait tenir à la taille pour qu'ils ne dégringolent pas.

Si on était allés bien, on aurait été dehors au soleil, et on aurait joué au basket, on aurait traîné au centre commercial ou on serait allés au lycée. On aurait évolué dans un monde intact, entouré par des gens a priori sans cassures ni fêlures.

Au centre antistress, inutile d'être coquette ou de se brosser les cheveux. Ni de faire ses devoirs, porter des tenues de sport ou sourire à ceux qu'on croisait dans les couloirs. Pas besoin de sourire, tout simplement, d'être heureux ou de faire plaisir aux adultes. On devait juste se montrer tel qu'on était. Quand on est au fond du trou, et c'est exactement là où je me trouvais, plus personne n'attend rien de votre part.

Les séances se succédaient. On effectuait des exercices, par exemple, écrire une pensée négative et, tout de suite après, trois pensées positives.

Ma pensée négative :

Je suis au centre antistress
parce que j'ai avalé trop de comprimés.

Mes trois pensées positives :

1. Je porte mes chaussettes préférées, celles que ma mère m'a apportées. Mais je n'ai pas l'autorisation de la voir.

2. J'aime quand on joue de la musique dans la salle de jour et qu'on nous laisse tranquille.

3. Ce matin, j'ai pensé au buste d'Aristote.

Lors d'une autre séance, nous avons encerclé, sur une feuille, les adjectifs définissant nos traits de caractère positifs (Moi : *Ouverte, autonome, large d'esprit* ; Louis : *Sensible, réaliste, maladroit* et aussi, *attirant*, encerclé avec insistance. Une fois, nous avons identifié ce qui déclenchait nos anxiétés (Moi : *Tout ce qui a un rapport avec Clarkstown* ; Louis : *Tout, absolument tout.* Stacy : *Cette taule.* Tennis Girl : *Les gens qui me jugent*).

Ces exercices de psychologie, c'était du pipeau. Pour dire la vérité, je détestais être enfermée dans cet endroit. Je trouvais les infirmières épouvantables, tyranniques et sans empathie, et les autres patients, complètement névrosés. Je n'avais qu'une envie, filer. Cela dit, mon séjour au centre ne fut pas aussi terrible. Au fond, cela m'a *aidée*. Parfois, Louis me faisait rire. Parfois, Stacy nous regardait en levant les yeux au ciel. Parfois, amicalement. Lors de ma seconde journée, Stacy est venue me rejoindre sur le canapé où j'étais affalée.

— Des fois, je suis une vraie garce. Cela fait partie de mon problème. Désolée.

J'ai haussé les épaules.

— Pas de quoi. C'est bon.

Je disais vrai. Même Cookie Monster qui fixait ses pieds les trois quarts du temps avait ses moments de gentillesse. Un matin, par exemple, Tennis Girl avait envoyé son bol de céréales valser sur son voisin de table (quatorze ans, trouble du déficit de l'attention, syndrome de la Tourette, sautes d'humeur et peut-être bipolaire). Une infirmière est arrivée et lui a parlé à voix basse. Je n'ai pas entendu ce qu'elle lui a dit.

— Le problème, c'est que je passe par une période super angoissante, a dit Tennis Girl, à travers ses sanglots.

Cookie Monster s'est levé et, à l'aide de torchons, a nettoyé en silence. Je n'avais jamais rencontré, dans un même périmètre, autant d'individus aussi visiblement fêlés ou cassés. D'un autre côté, on comprend peut-être les cassures des autres quand on est soi-même cassé ? Et si d'avoir été cassée rendait meilleure ?

— Bon, laisse-moi t'expliquer le truc en deux mots, a commencé Louis.

C'était l'heure du déjeuner. Nous attendions, dans la file, nos plateaux. Non loin de nous, Tennis Girl, déjà attablée, mangeait son poulet avec sa cuillère.

— Les autres disent que j'ai le sida parce que je suis gay et black. Non seulement c'est un cliché, mais c'est faux. Toi, tu es un vrai cliché, celui de la petite Américaine, blonde et super mince. En plus de ça, tu es cent pour cent hétéro et tu as été une Miss. La surprise, c'est que tu as le sida.

— Non, je n'ai pas le sida. Je suis séropositive.

— Oui, je sais, séropositive.

Il a fait un geste de dénégation. Comme c'était à son tour de recevoir son plateau-repas, il s'est approché de l'infirmière.

— Nom et date de naissance ? a-t-elle demandé.

C'était une question à laquelle nous devions répondre chaque fois que l'on nous servait un plateau-repas avec nos comprimés.

— Louis Mitchell, 18 juillet 1993, a-t-il murmuré avec lassitude.

Elle lui a tendu son plateau.

— C'est fou, non ? a-t-il demandé à mon attention. Je veux dire, ça ne te semble pas incroyable ?

À mon tour.

— Paige Rawl, 11 août 1994.

L'infirmière m'a tendu mon plateau. Au menu, pizza. J'ai haussé les épaules.

— Si tu le dis.

— C'est fou, cette histoire, a-t-il répété en s'asseyant.

— Si tu veux savoir, l'avocat de Clarkstown aurait insinué que j'étais gay, dernièrement, ai-je poursuivi.

J'avais raconté à Louis ma plainte au civil, les appels de l'avocat et l'audience de conciliation qui devait avoir lieu dans quelques jours.

— Quoi ? hein ? a-t-il demandé, l'air étonné.

Puis il s'est ravisé.

— Non ! Attends ! Je vais l'*exprimer* comme je le ressens : m'étrangler de surprise. Regarde-moi bien, poulette.

Au même moment, Louis a bu, regardé autour de lui et recraché l'eau contre le mur avec un air de stupéfaction comique. J'ai tourné les yeux vers l'équipe médicale, mais personne n'avait remarqué.

Louis a repris.

— Voilà c'est fait… Bon, et la suite ? Ils pensent donc que tu es gay ?

J'ai haussé les épaules.

— Les messages que j'avais écrits à mes amies font partie des pièces à conviction. Je commençais certains par « ma petite chérie ». Maman m'a dit qu'ils me collaient l'étiquette gay. C'était aux dernières nouvelles, en tout cas.

— Mais… pourquoi ?

— Parce qu'ils peuvent dire ainsi que l'homosexualité a été la seule raison de mon stress !

Dès l'instant où ces mots sont sortis de ma bouche, je les ai regrettés. Je n'aurais sans doute pas dû tenir de tels propos à Louis, stressé à cause du harcèlement d'homophobes. Mais Louis a paru indifférent. Il a secoué la tête.

— Dis à ces enfoirés d'aller se faire voir !

J'ai souri. Exact.

— Non, sérieusement, c'est pas croyable, a-t-il repris. Ce ne sont plus des gens qui te harcèlent, mais carrément l'institution scolaire ! Mais tu l'avais déjà compris, pas vrai ?

Je n'y avais pas réfléchi, mais finalement, et c'était amusant, Louis avait peut-être raison. Chaque fois que je pensais à notre plainte (ça m'obsédait, au point que cette pensée m'empêchait de dormir et me faisait fixer le plafond, sous la surveillance incessante du personnel médical), je ressentais un sentiment de honte intense identique à celui que j'éprouvais lorsque j'étais encore scolarisée à Clarkstown.

— Ils essaient juste de gagner contre nous.

— Dis-leur d'aller se faire voir ! a répété Louis.

On a regardé l'eau qu'il avait recrachée et coulait sur le mur pour former une petite flaque sur le sol. Puis il a ajouté :

— Ce sont des enfoirés.

Lors d'une séance, l'un des patients m'a demandé comment j'avais réagi quand mes camarades de classe m'avaient harcelée.

— Je les ai ignorés, ai-je répondu.

Brendan, le thérapeute, a souligné que rares étaient ceux qui ignoraient *vraiment* le mal qu'on leur faisait.

— On peut certes être dans le déni, a-t-il expliqué, mais à la vérité, et même si nous refusons de reconnaître les faits, on en souffre.

Il avait raison. Je n'avais pas *ignoré* les brimades et humiliations, j'avais juste agi comme si elles ne me touchaient pas.

— Paige ? Tu en as souffert ? a demandé Brendan.

J'ai acquiescé.

— Oui.

— Et tu en souffres toujours ?

Je me suis mordu la lèvre. J'ai hoché imperceptiblement la tête.

— C'est important de l'admettre, Paige, a conclu Brendan. Les faits ont réellement eu lieu. L'accepter est donc important.

Le jour où devait se dérouler l'audience de conciliation, j'étais toujours au centre antistress. Maman a téléphoné. Je lui ai demandé son pronostic. Louis, tout proche, m'attendait. Nous étions sur le point de nous rendre à une séance de travail sur la colère.

— On va sans doute nous demander d'accepter une indemnisation, a répondu maman.

Sa voix, à l'autre bout de la ligne, semblait si loin... Maman et moi, nous voulions que le tribunal nous accorde le procès. Si Clarkstown nous proposait une indemnisation, il n'y en aurait pas. Précisément, c'en serait terminé. Pire : enterré. Notre avocat nous avait effectivement expliqué que, si nous l'acceptions, nous ne devrions plus jamais parler de l'affaire. En bref : réparation du préjudice par de l'argent contre l'abandon de toutes poursuites judiciaires. L'indemnisation achèterait notre silence.

J'ai repensé aux sourires faux de Miss Ward, aux propos ahurissants de Miss Fischer. *Je ne peux pas te promettre de garantir ta sécurité.* J'ai repensé à toutes ces journées où j'étais restée à la maison alors que les autres allaient en classe. J'ai pensé aux implications, si on acceptait une indemnisation en échange de notre silence.

— Tu ne vas pas accepter ? ai-je demandé.

Long silence.

— Chérie, a enfin répondu maman, je ne sais pas comment on peut continuer...

— Maman ! ai-je repris d'une voix plus tranchante qui m'a surprise. Tu ne peux pas accepter !

Deux infirmières alertées ont levé les yeux vers moi. Je leur ai tourné le dos et j'ai regardé par terre. Je portais le même pantalon de survêt que la veille. Des pantoufles. Une pensée a jailli dans mon esprit. J'avais l'air d'une malade mentale dans un asile de fous. N'était-ce pas le cas ?

Quand j'ai relevé les yeux, Brendan venait chercher Louis. Il m'a regardée par-dessus son épaule. La voix de maman, à l'autre bout du fil, m'est parvenue, étonnamment calme.

— Je refuserai, si tel est ton désir, a-t-elle déclaré.

Elle parlait d'une voix lente et mesurée, comme si elle redoutait de me contrarier.

— Mais tu es sous traitement médical, ma chérie, et tu es hospitalisée dans un centre antistress. Je pense que c'est une charge trop lourde pour toi. Il est peut-être temps d'en finir.

J'ai serré le combiné du téléphone de toutes mes forces au point que j'ai senti les muscles de mon bras se crisper. Je ressentais une telle frustration à cet instant. Je voulais que maman soit auprès de moi. Je voulais pleurer dans ses bras, retourner me coucher et dormir pour oublier. Mais un autre désir dominait. Je voulais qu'ils paient. Tous. Les élèves, le coach de soccer, les conseillers d'éducation et l'administration scolaire. Chaque élève qui s'était moqué de moi, chaque ado qui avait ri de moi. Je voulais les voir dans une salle d'audience. Je voulais qu'ils m'affrontent du regard.

— Écoute-moi bien, maman ! ai-je dit, m'efforçant, de mon mieux, de moduler ma voix, mais j'y entendais les aigus et je sentais mes jambes trembler.

J'ai pris une grande inspiration et continué.

— Je te préviens, si tu acceptes... je... je te jure...

Je me suis interrompue et, soudain sans force, je me suis adossée au mur. Mes jambes me soutenaient à peine.

Je sentais une présence derrière moi, une infirmière sans doute. Je savais qu'elle m'observait.

— Si jamais tu l'acceptes..., ai-je répété, d'une voix précipitée et menaçante.

J'avais du mal à reprendre mon souffle. Une espèce de feu brûlait en moi, une tempête se levait. J'ai levé les yeux vers le feuillet *EMPLOI DU TEMPS HEBDOMADAIRE* dont les lettres ondulaient gaiement sur le tableau d'affichage. Ma voix était tendue, empreinte d'une telle colère que je ne la reconnaissais pas. C'était le cri sauvage d'une créature en rage et prisonnière en moi.

— Je ne te parlerai plus jamais de la vie, tu m'entends !

— Oui chérie, a répondu ma mère d'une voix qui semblait s'éloigner encore.

Je l'imaginais seule dans la cuisine, seule chez nous. Maman assisterait, sans moi, à l'audience de conciliation. Je savais combien elle redoutait d'être confrontée aux avocats. Je savais qu'elle avait autant besoin de moi là-bas que j'avais besoin d'elle ici.

— D'accord...

Je n'en ai pas écouté davantage. Je ne l'ai même pas laissée terminer.

— Jamais ! ai-je asséné de nouveau avant de raccrocher brutalement.

L'emploi du temps de la semaine sur le tableau d'affichage s'est gondolé devant mes yeux remplis de larmes que j'ai ensuite senties couler, brûlantes.

J'étais bloquée dans ce centre antistress, je n'étais qu'une ado, de surcroît perturbée, mais l'événement le plus important de ma vie se déroulait ailleurs, aux mains d'autres personnes. J'étais enfermée entre ces murs par ma faute. J'avais déconné. J'avais hurlé sur ma mère qui était pourtant la seule à ne pas mériter mes reproches. Je lui avais raccroché au nez alors qu'elle essayait de m'aider. J'avais avalé des comprimés, sachant le mal que je lui causerais.

Maman serait seule pour faire face, et je ne pouvais y remédier.

J'étais une ado ingérable, en pantalon de suvêt et en pantoufles qui n'avait de contrôle sur rien, même pas sur sa propre voix.

J'ai eu envie d'arracher le poster du mur, mais je me suis enveloppée de mes bras et j'ai planté mes ongles si fort que des demi-lunes se sont imprimées sur ma peau. Je suis restée longtemps immobile, jusqu'à ce que je ne voie plus trouble au travers de mes larmes. Enfin, j'ai pris une grande inspiration et je suis sortie dans le couloir, m'essuyant le nez avec le dos de la main.

Maman a refusé la conciliation et l'indemnisation. Les jours passaient. Je renâclais devant la pizza et le bœuf Stroganov. J'énumérais les vrais amis à contacter, la prochaine fois que je traverserais une mauvaise passe. *Amber. Mariah. Erin. Peut-être M. Gilchrest, le gentil enseignant de Herron qui m'avait parlé d'Aristote et de la vertu.*

J'écoutais Brendan parler de l'importance de la gratitude et de la bienveillance. J'avais beaucoup lu sur les signes avant-coureurs du stress : *fatigue, nausée, isolement social, insomnie.* Je les ai tous reconnus. Un peu avant la fin de mon séjour, Brendan et moi avons élaboré un plan de sortie du centre antistress, et un plan de sécurité à la maison : maman devait cacher les couteaux et mettre les médicaments sous clé. De là, j'ai été prête à rentrer chez moi. Prête ?

Le matin de mon départ, Louis est entré dans ma chambre. Il avait des marques récentes sur le bras dont le rose ressortait sur sa peau noire. Quand j'y ai fait allusion, il a haussé les épaules.

— Je crois que je ne suis pas encore sorti de l'auberge.

On n'était pas censés échanger nos numéros de téléphone, mais je lui ai communiqué le mien. On s'est étreints affectueusement.

— Tu les auras, Paige ! Ne laisse pas la victoire aux enfoirés, d'ac ?

— D'ac. Pareil pour toi.

Maman et moi sommes rentrées à la maison en silence. Dans la voiture, elle a branché la radio. C'était l'heure des nouvelles et le journaliste évoquait la mort d'une adolescente de Floride ; celle-ci s'était suicidée après avoir été harcelée pendant des mois par ses camarades de classe. Maman a vite éteint la radio, mais je me suis penchée pour la rallumer.

— Paige ! a dit maman d'un ton inquiet.

— Quoi ? Tu as peur que cela me donne des idées ?

Je plaisantais, mais maman s'est tendue.

À la radio, nous avons entendu les détails de cette triste affaire : Hope Witsell avait treize ans. Vie de famille agréable et parents aimants. Hope avait envoyé, d'elle, une photo explicite à un garçon dont elle était amoureuse, mais la photo a été diffusée dans son collège et plusieurs autres. Hope a été brimée, raillée et humiliée. Elle s'est pendue dans la salle de bains sans que ses parents, qui étaient à la maison, n'aient eu idée du drame qui se déroulait sous leur toit.

J'ai éteint la radio. J'ai regardé par la vitre de la portière. Je reconnaissais les rues.

— Je ne recommencerai pas, ai-je déclaré soudain.

Maman a continué de conduire en silence.

— Maman ? Tu as entendu ce que je viens de dire ?

C'est alors que j'ai remarqué que son menton tremblait.

— Je te le promets, je ne recommencerai pas, d'accord ? J'ai besoin que tu l'entendes. Je ne te ferai pas cela. Plus jamais.

Maman m'a pris la main et l'a serrée sans cesser de regarder sa route, et elle l'a serrée si fort que ça m'a presque fait mal.

Lila

Quelques semaines après mon retour à la maison, j'ai revu Lila, la sœur aînée de Yasmine, pour la première fois depuis mon départ de Clarkstown. Erin et moi, nous nous rendions à Broad Ripple Village, un quartier commercial avec zone piétonne au nord du centre-ville d'Indianapolis. On est passées chez McDonald's pour boire un soda.

L'entrée était signalée par l'enseigne bien connue de McDo. Y était représenté le *M* stylisé jaune d'or, mais l'on pouvait aussi y lire ces mots : *FOI ET BÉNÉDICTION.* Tandis que l'on s'approchait, je me suis étonnée, me demandant si ce McDo était béni ou si le gérant souhaitait à ses clients foi et bénédiction ?

J'allais mieux. Ce jour-là, je ne m'étais pas sentie aussi bien depuis longtemps. Ethan avait repris contact après ma sortie du centre antistress. Il avait dû apprendre que j'y avais séjourné, car son message disait simplement : *Ça va ?*

Oui. Merci, avais-je répondu.

Un peu après, je l'avais relancé.

Moi : *Je peux te demander qqchose ?*

Ethan : *Oui !*

Moi : *Tu te souviens quand tu as dis qu'on ne devait dire à personne qu'on était ensemble ?* Pas de réponse.

Moi (une minute plus tard) : *C'était après ce qui s'est passé à la cafète ? Tu te souviens ?*

Ethan : *Ah oui.*

Moi : *Tu pensais vraiment que ça le faisait ?*

Pas de réponse. Je ne sais pas pourquoi je lui demandais cela. Voulais-je le culpabiliser ? Ou seulement comprendre ? Les deux, sans doute. Quoi qu'il en soit, je voulais savoir.

Moi : *Ça m'a blessée.*

Moi : *J'avais besoin d'un ami.*

Pas de réponse. Et soudain, une minute plus tard.

Ethan : *Désolé.*

Ethan : *Vraiment désolé.*

Ethan : *On s'est moqué de moi aussi, tu sais.*

Moi : *Qui ?*

Ethan : *Tout le monde.*

Ethan : *Ils n'arrêtaient pas de me dire que je ne devais pas sortir avec toi. Sans arrêt.*

Je me suis mordu la lèvre et j'ai regardé par la fenêtre pendant un bon moment. Il ne m'était jamais venu à l'esprit que les autres se soient moqués d'Ethan à cause de moi.

Moi : *Je ne le savais pas.*

Ethan : *Moi je ne savais pas quoi faire.*

Ethan : *Je sais, ce n'était pas sympa. Mais je voulais qu'ils cessent de se moquer de moi.*

Longue pause.

Ethan : *N'empêche que je suis désolé.*

Ethan : *Je le suis de tt cœur.*

Moi : *Qu'est-ce que tu as dit ?*

Ethan : *Quand ?*

Moi : *Quand ils se moquaient de toi ?*

Ethan : *De la fermer. Ça n'a pas marché.*

Ethan : *Ça me rendait malade.*

J'ai fixé le plafond longtemps. Maman et moi, on avait repeint ma chambre, avant ma rentrée à Herron. Plus de rose et de mauve. Autour de moi, tout était rouge vibrant.

Moi : *Ethan ?*

Moi : *Merci.*

Ethan : *Pourquoi merci ?*

Moi : *Parce que tu m'as dit que tu étais désolé.*

Moi : *Il n'y a pas beaucoup de gens qui se sont excusés. Alors pour moi, c'est important.*

Moi : *Je me sens mieux.*

Ethan : *Merci Paige.*

Que personne ne dise qu'un vrai échange par email, texto ou via les réseaux sociaux est impossible. Parce qu'en vérité, je me sentais mieux. Beaucoup mieux.

Une fois dans le McDo, Erin et moi nous sommes assises dans un box et avons bu tranquillement nos sodas. Les clients allaient et venaient, je n'y prêtais aucune attention. Mais tout à coup, et je ne peux l'expliquer, j'ai senti d'étranges vibrations. J'ai tourné la tête et j'ai croisé les yeux de Lila.

Si le temps avait calmé la situation ou si Lila avait mauvaise conscience suite aux événements de Clarkstown, j'avais la réponse devant les yeux. Lila me dévisageait d'un air dur, le menton levé en signe de défi. Elle était avec une inconnue qui me fixait aussi. Une sensation de malaise s'est logée dans mon ventre et j'ai dû faire un effort pour avaler ma gorgée de soda.

— Ça va aller, m'a glissé Erin à voix basse. Elles n'oseront rien, ici.

Mon cœur battait. J'ai pris mon soda, l'ai reposé. Mes mains tremblaient.

Sois attentive aux signes avant-coureurs de stress, me soufflaient les voix du centre antistress. *Accélération du rythme cardiaque. Difficulté à respirer. Troubles de la concentration.*

— Nous allons rester jusqu'à leur départ, a repris Erin.

Sur ces mots, elle m'a adressé un sourire encourageant que j'ai essayé de lui rendre.

Du coin de l'œil, je surveillais Lila et son amie. Elles ont pris leur commande, et se sont dirigées vers la fontaine à boissons où elles ont rempli leurs gobelets. Elles se sont penchées l'une vers l'autre, ont discuté à voix basse. J'ai soudain eu une conscience aiguë de l'odeur de viande et de pain grillé. *Pourquoi ne le remarquais-je que maintenant ?*

Nouvelle vague de nausée. J'aurais voulu quitter les lieux, je n'osais pas.

Erin continuait de bavarder. Penchée vers moi dans une attitude complice, elle me parlait des pom-pom girls de Clarkstown. Maintenant qu'elle était en troisième, elle venait de rejoindre l'équipe et me parlait du changement de choré. Elle souriait et faisait tout pour montrer qu'elle passait un bon moment. Je l'ai imitée, j'ai acquiescé en l'écoutant. Mais je prêtais à peine attention à ce qu'elle disait, car j'étais intensément consciente de la présence hostile de Lila. Je percevais avec acuité ces étranges vibrations négatives et haineuses se dégageant de sa personne et que la présence d'autres clients ne minimisait pas. Cette énergie remplie d'animosité avait une forme et une texture. J'aurais pu m'en saisir et me serais brûlée à son contact.

Tout à coup, Lila est sortie. Un instant plus tard, nous l'avons vue au volant de la voiture blanche de son père. Comme elle était désormais en première, Lila avait le droit de conduire. Elle roulait lentement et elle a disparu de notre vue, mais elle est revenue dans notre champ de vision. Elle faisait le tour du restaurant, l'encerclait, à la façon dont un prédateur entoure sa victime.

— Ça va aller, m'a répété Erin apaisante. Elle s'en va.

Mais Lila est passée et repassée devant le McDo. On a attendu. Deux minutes. Cinq. Dix.

— Elle est enfin partie, a conclu Erin soulagée.

J'ai opiné. On a rassemblé nos gobelets de soda et nos cartons de frites vides. On est sorties dans la belle soirée d'automne. Le ciel se striait de rose. On a fait quelques pas. Nous arrivions derrière le restaurant quand on a vu et reconnu la voiture blanche.

Lila fonçait sur nous. C'est incroyable ce qui vient à l'esprit en une poignée de secondes...

Premièrement : J'ai compris que Lila m'avait attendue, à l'affût, à la façon dont un chasseur attend sa proie.

Deuxièmement : J'ai calculé le temps nécessaire pour me replier dans le McDo, puis j'ai évalué la distance qui nous séparait de la voiture. Il n'y avait pas assez de temps.

Troisièmement : *La situation pourrait virer au drame.* Mais encore ? Que pouvait-il se passer ?

Devant mes yeux, l'enseigne du McDo avec son FOI ET BÉNÉDICTION. Lila soudain a ralenti. Il n'y avait plus aucune possibilité de fuir, aucun lieu où me réfugier. Lila s'est arrêtée et s'est penchée par la vitre grande ouverte de sa portière.

Les images se sont succédé comme dans un ralenti. Le visage de Lila, déformé et décomposé par la haine. *Une expression animale...*, ai-je pensé. Le bras levé, comme si elle prenait son élan. Très vite, quelque chose a volé dans ma direction qui m'a touchée frontalement. Durement. J'ai senti l'impact avant de percevoir des sensations. De froid. De glacé. Et d'humide. Ensuite, la douleur dans les côtes. Le projectile de Lila est tombé à mes pieds. Lila est repartie dans un crissement de pneu.

Elle avait jeté sur moi son gobelet de soda d'un demi-litre. J'étais trempée.

— Ça va ? a répété Erin.

J'étais trop choquée pour l'entendre. Puis j'ai reconstitué les événements. Lila m'avait attendue dans la seule intention de m'humilier. Elle avait jeté son gobelet rempli sur moi. Et Erin, ma si chère Erin, devait être au moins aussi choquée et épouvantée que moi. Ce n'était qu'un soda glacé.

Jeté par une vitre de portière. Cela aurait pu être bien pire. Je me suis rendu compte que je tremblais…

— Viens, on va te nettoyer, a dit Erin.

Nous sommes retournées dans le McDo. Puis dans les toilettes. Je me suis soudain mise à pleurer, à sangloter… Aujourd'hui encore, même des années plus tard, je n'ose pas entrer dans un McDonald's d'Indianapolis.

Lila me détestait toujours. Avec ténacité.

— C'est une conne, Paige ! a laissé tomber Erin en pressant une serviette en papier contre mon T-shirt humide.

J'ai acquiescé. Je ne savais pas pourquoi je ressentais tant de honte. Pourquoi était-ce toujours *moi* qui avais honte, et pas les autres ?

Lila me détestait parce que j'existais. Lila avait réussi à me faire exclure du collège, mais pas d'Indianapolis, pas du monde. Ça, elle ne le tolérait pas. J'ai surpris mon reflet dans le miroir. J'étais trempée mais au moins, j'étais intacte. J'étais moi.

Alors j'ai compris : Lila me détestait à cause de quelque chose d'invisible. Le VIH. Au premier regard, rien en effet ne me distinguait des autres. Personne ne pouvait savoir, ou deviner que j'avais le VIH.

Si l'on me détestait à cause d'un minuscule virus logé dans mes cellules et invisible à l'œil nu, combien, alors, on devait détester un ado obèse, ou couvert d'acné, ou obligé de se déplacer avec une béquille ou encore souffrant d'une déformation faciale ? Ou bégayant ou portant des lunettes ? Voire un ado de couleur ? Comme Louis ?

Finalement, il y a tant de prétextes à haïr autrui.

Si un virus microscopique était un motif d'exclusion ou de discrimination, que dire de différences physiques visibles – couleur de cheveu, de peau, forme du nez et corpulence, défauts physiques et même un style vestimentaire ? Pourtant, ne sommes-nous pas censés être différents ? Et ne nous répète-t-on pas que l'on doit s'accepter tel que l'on est ?

J'avais été exposée à un virus avant ma naissance.

C'était un fait. Une réalité, que j'étais impuissante à modifier. Si Lila me détestait à cause de mon infection au VIH, elle me détestait pour quelque chose que je ne pouvais et ne pourrais jamais contrôler. Personne ne pouvait rien y changer, pas même les plus brillants scientifiques de la planète ou les meilleurs médecins au monde. Même ma mère, malgré l'intensité de son inquiétude et la force de son amour. Le VIH faisait partie de moi. Il en serait toujours ainsi. C'était irrévocable.

J'ai croisé mes yeux dans le miroir. Soudain, la situation m'a semblé, inexplicablement, presque drôle. Je me trouvais dans les toilettes d'un McDo en train d'éponger du soda sur mon T-shirt. Lila était en colère et remplie de haine.

Je ne pouvais rien y faire. Alors, à quoi bon perdre mon temps et mon énergie ?

Erin a jeté les feuilles de papier dans la poubelle. Elle m'a bien regardée, a souri, de ce même sourire chaleureux qu'elle m'avait adressé, le jour de mon départ de Clarkstown.

— Ça va, Paige ?

J'ai hoché la tête. Puis j'ai dégagé mon visage. Je me suis rendu compte que mes mains ne tremblaient plus. Je n'étais plus secouée de frissons. Mon visage n'était plus figé. Les voix du centre antistress me sont revenues à l'esprit. *Identifier les signes avant-coureurs de stress.*

À cet instant, j'ai *compris*. Je m'étais laissée atteindre, j'avais laissé les autres insinuer le doute en moi pour quelque chose dont je n'étais pas responsable et sur quoi je n'avais aucun pouvoir. Erin, là près de moi, près de la poubelle qui débordait de papier, était l'une de mes amies les plus loyales.

J'ai retrouvé mon *moi*. Le moi qui aimait les croustillants au fromage et les barres chocolatées, le moi qui aimait danser et chanter. Le moi qui serait toujours le même, une fois que j'aurais changé de vêtements et sitôt que cet instant appartiendrait au passé.

J'étais peut-être trempée, mais j'allais sortir des toilettes, de ce McDo et rentrer chez moi la tête haute.

— Oui ! ai-je répondu, en regardant Erin puis en haussant les épaules d'un air dégagé. Je vais bien, enfin, je crois !

— Alors prête ? On y va ?

— Oui !

J'ai senti une légèreté dans ma voix.

— Prête ! On y va.

Erin et moi, nous sommes sorties dans cette belle soirée de septembre.

QUATRIÈME PARTIE

Devenir

Camp Kindle : l'étincelle

— Tu dois être Paige ?

Je ne connaissais pas la jeune femme brune âgée d'une trentaine d'années qui s'adressait à moi. Les bras grand ouverts, elle allait m'étreindre. Pourtant, c'était notre première rencontre. Je savais néanmoins qu'elle s'appelait Eva Payne. Son regard brillait d'une telle intensité que je lui ai souri malgré moi. Eva m'a serrée contre elle.

— Je suis contente que tu sois là !

— Bonjour, Eva ! Moi aussi !

C'était la vérité.

Je venais d'arriver au Camp Kindle, à Fremont dans le Nebraska. C'était la première fois que je partais en colonie de vacances. L'endroit était conforme à l'image que j'avais d'un camp d'été : chalets en bois, vastes prés, sentiers boueux, piscines et lac. Mais à la différence des autres, celui-ci était destiné spécifiquement aux jeunes infectés ou affectés par le VIH/sida. Mon voyage avait été assuré par un pilote de l'Angel Flight. Ce sont des pilotes d'avion bénévoles qui conduisent des enfants ou des adolescents au Camp Kindle, ou, plus globalement, des patients d'une infrastructure médicale à une autre.

Maman m'avait accompagnée sur le tarmac. Au moment où l'avion a décollé, je lui ai adressé le signe de la victoire. Elle est devenue de plus en plus petite et a disparu de ma vision.

Le pilote et moi, nous volions dans la direction du soleil. On s'est élevés au-dessus des nuages qui ont bientôt pris l'apparence de tas de neige cotonneuse. J'avais déjà pris l'avion, mais je n'avais jamais vu les étendues immenses du Middle West, ma propre région, mon pays, enfin le monde avec cette acuité. *Voilà à quoi le monde peut aussi ressembler,* ai-je pensé. De là-haut, même mes problèmes semblaient tout petits.

Eva a reculé, posé ses mains sur mes épaules et a souri.

— Je suis ravie que tu passes l'été avec nous, Paige !

Je connaissais Eva de réputation. Étudiante en théâtre et arts du spectacle à l'université du Nebraska et à l'époque âgée de vingt et un ans, elle avait joué dans une pièce avec un garçon séropositif. Peu après, elle avait eu une idée qui ne lui avait plus laissé de repos jusqu'à sa réalisation : « Il devrait y avoir un camp pour les enfants vivant avec le VIH/sida. » Elle avait commencé par recenser les camps et autres centres d'accueil et de loisir dans le Midwest mais elle n'avait rien trouvé qui aille dans ce sens. Elle avait donc compris que c'était à elle de prendre l'initiative. Ainsi, après avoir rassemblé, inlassablement, des fonds, Eva et d'autres volontaires tout aussi enthousiastes avaient encadré un groupe de cinquante enfants dans un centre de vacances et de loisirs du Nebraska. Camp Kindle était né.

J'aimais cette histoire. Surtout, j'aimais qu'une étudiante ait lancé un vrai projet social. Elle n'avait pas attendu la fin de ses études et l'entrée dans la vie active, ou une quelconque autorisation pour changer le monde, elle avait d'emblée agi. J'étais fascinée par la force de sa volonté.

Eva n'était pas séropositive, les membres de sa famille ne l'étaient pas non plus donc elle avait toutes les raisons d'ignorer le VIH/sida. Au contraire, elle en avait fait une croisade personnelle. Un peu à la façon du docteur Cox, Eva s'était engagée dans un combat qu'elle aurait pu ignorer facilement. Je l'aimais rien que pour cela.

Je l'ai regardée indiquer les directions aux autres éducateurs, organiser l'enregistrement des nouveaux arrivants et observer le camp d'un regard avisé. C'est alors qu'on a entendu un bus arriver.

— Ce sont les jeunes de Chicago ! s'est exclamée Eva.

Elle m'a souri.

— Tu vas adorer l'ambiance de ce camp !

Une fois les nouveaux arrivants descendus du bus, tout le monde s'est salué. Certains, ceux qui avaient déjà participé au camp, s'adressaient des signes d'amitié et s'étreignaient. Il y a également eu un déluge de présentations, de mains serrées et de questions : « T'es d'où ? », « C'est ton premier camp ? », « T'es dans quel chalet ? »

J'ai fait la connaissance des autres participants, mais j'ai oublié leurs noms à peine les avais-je entendus. Je savais que tous étaient affectés par le VIH/sida (un proche était séropositif ou avait le sida) ou étaient eux-mêmes séropositifs. Mais je n'aurais su dire qui l'était ou ne l'était pas. J'avais le cœur battant d'une étrange appréhension.

— Salut, a dit une voix toute proche. C'est la première fois que tu viens, pas vrai ?

Je me suis retournée. Un grand brun d'à peu près mon âge m'adressait un sourire en coin malicieux.

J'ai hoché la tête.

— Oui. Je m'appelle Paige.

Il a tendu la main.

— Super. Moi, c'est Wallace.

À la façon dont il m'a serré la main, avec tout le sérieux d'un adulte et ce demi-sourire à la fois espiègle et innocent, j'ai eu envie d'éclater de rire.

— Je crois que je suis un peu nerveuse…, ai-je alors avoué.

— Il ne faut pas.

Il a retenu par le bras une jolie blonde qui passait.

— Hé, salut toi !

Elle s'est retournée et lui a sauté au cou. Ils se sont longtemps étreints, puis elle a reculé et m'a souri. Elle s'appelait Nikki, comme l'indiquait son badge au bout d'un cordon. *Nikki, qui est une amie de Wallace,* ai-je conclu, espérant me souvenir de son prénom.

— Nikki ? Je te présente Paige, a déclaré Wallace. Je te préviens, Paige est un peu nerveuse.

— Oh pas la peine ! a-t-elle déclaré en riant. Dans cinq minutes, tu auras l'impression de connaître tout le monde depuis longtemps !

— Tu es déjà venue ?

— Oui. Plusieurs fois. Tu vas voir, c'est génial.

Dans la foule, j'ai remarqué un grand blond un peu plus âgé que moi, entouré d'enfants et moniteurs. J'étais assez loin de lui, mais j'ai remarqué ses yeux d'un bleu incroyable et ses joues bien rouges, ainsi que le petit espace entre ses deux incisives qui rendait son sourire encore plus large. J'ai essayé de lire son prénom sur son badge.

Brryan avec deux r.

Les enfants se jetaient tour à tour dans ses bras. Au même moment, Brryan a levé les yeux et a adressé un clin d'œil à Nikki. Nikki lui a tiré la langue. Il a ri. Nikki a repéré quelqu'un d'autre et a agité les bras avec enthousiasme.

— Cole !

Puis, s'adressant à moi.

— Super, Cole est là !

Nikki m'a prise par la main pour me conduire vers un garçon de mon âge qui avait les cheveux en broussaille et un sourire narquois. Wallace nous a suivies.

— Attendez-moi les filles !

— Salut, Cole ! s'est écriée Nikki. C'est Paige. Paige, on va au bord du lac. Tu viens avec nous ?

— Je peux ?

— Évidemment ! a répondu Cole comme si cela allait de soi.

Et voilà comment Nikki, Wallace, Cole et moi, marchant vers le lac, nous sommes devenus amis.

On a gagné nos chalets que les moniteurs avaient décorés en notre honneur. Le mien l'était sur le thème « Derby Diva » : partout, il y avait des patins à roulettes. Après nous être installées et après avoir pris nos marques, nous avons eu notre premier rassemblement. Les moniteurs nous ont appris des chansons de colo, marrantes et enfantines. On les a tous reprises à tue-tête, même les plus âgés. On a ri et chanté.

They ooze through the gooze without any shoes
They wade through the water 'till their lips turn blue.

J'ai essayé de ne pas penser à maman seule chez nous mais je voyais son visage en pensée, l'imaginais désœuvrée dans notre cuisine. Pour chasser ces images, j'ai chanté plus fort, me concentrant sur la brise qui soufflait dans les arbres. J'étais à presque mille kilomètres de chez moi. Levant les yeux, j'ai surpris le regard de Nikki. Elle m'a souri alors qu'elle entonnait le refrain.

That's what hippos do
I said that's what hippos do ![1]

Je me suis dit que j'allais me plaire, ici. En début de soirée. Eva et un autre directeur du camp, Michael, ont proposé

1. *Hippo Song.*

que chacun raconte son histoire, et explique les raisons de sa présence ici.

— Qui se porte volontaire ? a demandé Michael.

Aucune main ne s'est levée.

— Je sais, ce n'est pas facile, a poursuivi Michael. Il faut du courage.

Silence général. *Moi, je vais commencer,* ai-je pensé. J'ai donc levé timidement la main. Michael a souri.

— Paige ? Merci. Vas-y.

J'ai raconté mon histoire qui venait désormais naturellement à mes lèvres. J'ai parlé de mon père, de Yasmine et de la fête du lock-in, où je lui avais révélé ma séropositivité, de mon surnom « Paids ». De mes pseudo-crises épileptiques. Des messages sur mon casier et de mon départ de mon collège. J'ai confié combien je m'étais sentie seule. Tout le temps où j'ai parlé, le silence est resté absolu. Quand j'ai terminé, il y a eu une pause où l'on aurait entendu une mouche voler. Mais tout de suite après, des applaudissements se sont élevés.

J'ai regardé Eva qui opinait. Elle m'a adressé un clin d'œil, comme pour me féliciter. J'ai souri et repris ma place. Certains ont posé leur main sur mon épaule, en signe de solidarité et de réconfort. Les mots de Nikki me sont revenus en tête. *Dans cinq minutes, tu auras l'impression de connaître tout le monde depuis longtemps !*

Oui, elle a raison, ai-je pensé.

— À qui le tour ? a continué Michael.

Long silence. Puis Brryan s'est levé.

— Moi.

Il avait une façon de parler un peu bizarre, et j'ai été surprise. Il a observé l'ensemble du groupe.

— Mon traitement a provoqué une perte de l'audition, mais je vais essayer de parler aussi distinctement que possible. Merci à l'avance pour votre compréhension.

La tragédie de Brryan avait commencé à l'âge de onze mois. À la suite d'une crise d'asthme, il avait été admis dans l'hôpital où son père travaillait comme technicien de laboratoire. Ce dernier lui avait injecté du sang contaminé qu'il avait volé sur son lieu de travail.

— À cette époque, mes parents se séparaient et se disputaient. Mon père ne voulait pas payer de pension alimentaire, a expliqué Brryan d'un ton égal.

Il exposait les faits, simplement, sans méchanceté, colère ou désespoir.

— Il a essayé de me tuer.

Cinq années se sont écoulées. La croissance de Brryan était normale, il avait une bonne mine. Mais en l'espace d'une nuit, son état de santé s'est dangereusement altéré. Puis il a perdu du poids. Comme maman, il a connu des accès de fièvre inexplicables. Mais à la différence de ma mère, Brryan a été diagnostiqué seulement lorsqu'il a développé un sida et que le nombre de ses T4 a chuté. Les médecins ne lui ont donné que quelques mois à vivre.

— C'était il y a dix ans, a précisé Brryan.

Il a pris une grande inspiration.

— Mon père est désormais en prison. Il sera en liberté conditionnelle dans quelques années. Il s'appelle Brian. Moi aussi, a continué Brryan. Alors, quand j'ai été en quatrième, j'ai changé l'orthographe de mon prénom. Je ne voulais plus porter le même que lui. Voilà mon histoire. Je suis toujours vivant après ces années, et j'espère le rester encore longtemps.

— Waouh…, ai-je murmuré en le voyant revenir à sa place.

Waouh, c'est tout…

Dans la soirée, nous nous sommes réunis autour d'un feu de camp sur lequel nous avons fait griller des marshmallows. Il fallait éviter les bourrasques de fumée provoquée par le vent qui changeait sans cesse de direction. Cela nous permettait de mieux nous mélanger et faire connaissance. J'ai parlé et ri tout au long de la soirée, mais je ne pouvais détacher mes yeux de Brryan, décontracté, naturel et qui ne quittait jamais son sourire franc. Je l'ai vu saluer des garçons plus âgés en leur tapant dans les mains, converser avec Eva et rire avec d'autres. Je l'ai aussi vu parler à deux fillettes de sept ans, des jumelles, dont j'avais déjà remarqué les sondes naso-gastriques – elles permettent aux malades du sida de se nourrir sans difficulté. Je n'entendais pas ce qu'il leur disait mais je l'ai vu leur adresser un clin d'œil. Elles ont ri et se sont perdues dans la nuit, souriant de leur discussion.

Brryan incarnait la décontraction et le naturel.

Mon propre père m'avait transmis le virus, comme celui de Brryan. Mais le mien ne l'avait pas fait volontairement. Moi aussi, j'avais entrevu la face la plus sombre de l'espèce humaine et subi des brimades, moqueries et surnoms dus à l'ignorance et à la peur. Les actes du père de Brryan ne relevaient pas de l'ignorance mais du démoniaque. Comment Brryan pouvait-il être si détendu alors que son propre père avait délibérément voulu le tuer ?

J'ai repensé à la première fois où je m'étais trouvée dans le bureau de Miss Ward, après qu'une main anonyme avait signé de mon nom un message dont je n'étais pas l'auteur. À cet instant, la pensée que l'on me haïsse avec tant de force m'avait été insupportable. Brryan aussi avait été victime de la haine mais il riait et profitait de la vie. Je ne trouvais pas le terme pour décrire son attitude, mais je l'avais sur le bout de la langue.

Le feu crépitait, des braises jaillissaient vers le ciel. Brryan, qui était en face de moi, a dû sentir mon regard, car il a levé les yeux et m'a souri. J'ai souri en retour mais presque immédiatement, j'ai baissé la tête. Wallace est venu s'asseoir à côté de moi.

— Salut, beauté. Vous venez souvent dans le coin ?

Il a ponctué sa question en levant un sourcil, et j'ai éclaté de rire.

C'est seulement plus tard dans la nuit, en revenant dans mon chalet avec l'odeur du feu de camp imprégnant mes vêtements, que j'ai enfin trouvé le mot qui caractérisait Brryan.

Le pardon.

Brryan incarne le pardon.

Au Camp Kindle, nous passions nos matinées à parler de VIH et du sida : comment rester en bonne santé, comment parler de notre séropositivité ou dénoncer les idées fausses (*idée fausse : on peut être infecté en s'embrassant ou en s'asseyant sur une lunette de WC*) au profit des vérités (*vérité : le moment venu, il faut se protéger lors de rapports sexuels*).

Chaque jour, d'autres racontaient leur histoire. J'ai ainsi appris que la mère de Cole était séropositive, que le frère de

Nikki avait développé le sida, que Wallace avait été adopté tout petit et que ses parents avaient appris sa séropositivité plus tard. La majorité était, comme moi, née séropositive, et voulait seulement être traitée sans discrimination. J'ai aussi appris que la plupart gardaient leur séropositivité secrète, même avec leurs meilleurs amis. L'après-midi, en revanche, on s'amusait, on se détendait après le sérieux et la pression des discussions matinales.

Le lendemain de notre arrivée, les moniteurs ont organisé le carnaval de Camp Kindle. Eva nous a conduits dans une salle remplie de perruques et costumes.

Nous avons beaucoup ri lors des essayages. Chemises hawaiiennes et nez rouge de clown. Capes et lunettes de soleil brillantes, chapeaux de cow-boy, tutus et paillettes. Wallace a enfilé une tenue de pom-pom girl et agité des pompons. Des filles mettaient en bandeau des cravates d'homme. Notre moniteur, qui portait déjà un short de cycliste et des lunettes de soleil de femme, a fixé sur sa tête une perruque de clown. Tout en riant, chacun a cherché les déguisements les plus extravagants.

Dehors, un visagiste dessinait des papillons sur les visages, des moniteurs faisaient un bras de fer avec des jeunes, laissant les plus petits gagner. Des jeux avaient aussi été organisés. Water-polo, courses en sac, courses à la cuillère. J'ai fait rouler une pomme avec mon nez et j'ai participé à la compétition de hula hoop, en binôme avec un gamin dont le visage grimé en vert le faisait ressembler à l'incroyable Hulk.

— Allez, vas-y, Paige ! s'est écriée Eva enthousiaste.

Elle avait une allure très festive : T-shirt et foulards avec de gros pois, un tutu rose sur son jean. J'ai éclaté de rire, mais j'ai réussi à garder mon cerceau autour de ma taille. Quelques minutes plus tard, je célébrais ma victoire avec une glace pilée arôme raisin. Cole s'est approché, une sucette dans la bouche, coiffé d'un chapeau dont les formes représentaient un animal. Quand je lui ai souri, du jus de raisin a coulé sur mon menton que j'ai essuyé avec le dos de ma main.

— Tu as l'air drôlement en forme, Paige !

J'ai ri pour seule réponse et continué à manger ma glace. Non loin, un groupe participait au concours de gâteaux qu'il fallait manger le plus vite possible, le visage carrément planté dans la crème fouettée. Là-bas, deux moniteurs en costume à paillettes dansaient avec des mouvements synchronisés. J'ai vu Wallace avec un cochon en peluche inexplicablement fixé sur sa casquette de base-ball. Et ici, Brryan marchait d'un pas raide, deux enfants accrochés à ses jambes, et un autre sur son dos.

— Je ne sais pas pourquoi mes chaussures sont si lourdes aujourd'hui, a-t-il déclaré quand les gamins sont tombés en riant. J'ai du plomb dedans...

Oui, tout va bien, ai-je pensé. *Après cette journée, tout est possible. Le monde est à nous. Et la vie ne peut être que belle.*

Soudain, j'ai entendu un moniteur crier.

— Le niveau de bonne humeur et de chaleur humaine a atteint de tels records que nous allons faire fondre les glaciers !

— Moi, j'adore Camp Kindle, ai-je alors crié à Cole en ouvrant les bras.

Il a opiné pensivement en tordant la sucette dans sa bouche et il a regardé autour de nous.

— Je comprends parfaitement ce que tu veux dire.

Cette nuit-là, après avoir regagné mon chalet, chantant et dansant, avec Nikki, je me suis couchée sur mon lit. Les autres filles dormaient déjà. J'ai écouté leur souffle et, au-delà des murs de notre chalet, le chant des criquets dans la nuit.

Voilà ce que c'est d'être comme les autres, de ne pas être séropositive. Voilà ce que ce serait d'être normale, de n'avoir rien qui nécessite des explications et me rende différente.

Mais j'étais *normale* ! ai-je conclu. Du moins ici, au Camp Kindle, je l'étais. Rien ne me distinguait des autres.

Vers la fin de la semaine, Eva s'est approchée de moi.

— Paige ? Le magazine *People* aimerait faire une photo de certains jeunes du Camp Kindle. Je voulais savoir si tu aimerais participer.

Ma mère et moi avions déjà donné notre accord pour que, le cas échéant, mon image soit utilisée pour promouvoir le Camp Kindle. *Oui, vous pouvez montrer au monde entier que Paige Rawl séjourne dans un centre de vacances et de loisirs destinés aux enfants séropositifs ou malades du sida.*

J'avais souvent vu le magazine *People* près des caisses de supermarché ou dans les salles d'attente des médecins, et j'ai imaginé un client, un patient le feuilleter négligemment comme je l'avais si souvent fait, et y découvrir mon visage.

— Qui participera ?

— Brryan, Wallace et Anthony.

Anthony était un peu plus jeune que moi. Il était mince et portait de grandes lunettes. Lui aussi était né séropositif.

— Oui ! ai-je répondu sans hésiter. Je participe !

Nous avons passé les heures suivantes devant l'objectif. Brryan était vêtu de noir mais nous trois, les plus jeunes, avions revêtu des T-shirts aux couleurs vives. On portait aussi les bandanas du Camp Kindle. La photographe a voulu prendre ses clichés devant un feu de camp mais, comme lors de la première soirée, le vent a joué avec la fumée et l'a poussée dans notre direction, nous faisant tousser.

Finalement, on nous a conduits à l'intérieur et fait poser devant un panneau blanc. Un ruban rouge géant était représenté à même le sol. On nous a disposés de façon que l'on s'appuie tous les trois contre Brryan, bras croisés et remplis d'assurance.

Mais soudain, Brryan m'a soulevée au-dessus de sa tête. J'ai éclaté de rire. Je me sentais légère comme une plume ! Les deux autres garçons se sont appuyés contre Brryan, qui me portait. La photographe a pris une photo :

— Super ! a-t-elle dit. Génial !

Ce soir-là, lorsque le soleil s'est couché, Brryan est passé devant moi en s'approchant du feu de camp et m'a ébouriffé les cheveux.

— Beau boulot aujourd'hui ! Il faut un sacré courage pour révéler sa séropositivité à trois millions et demi de personnes.

— Trois millions et demi ?

Il a haussé les épaules.

— Oui : trois millions et demi de tes plus proches amis !

Il a esquissé un sourire ironique. J'avais une question à lui poser, mais je n'osais pas.

— Brryan ? ai-je commencé avec hésitation.

Silence.

— Comment est-ce que... ?

J'ai froncé les sourcils. Comment m'expliquer ?

— Eh bien, je voulais..., ai-je repris.

— Que se passe-t-il, Paige ?

Il s'est arrêté pour me regarder. J'aimais son regard franc, sans détours et si bleu. J'ai secoué la tête, un peu perdue. Voilà ce que j'aurais aimé lui demander : Comment tu fais ? Mais « faire » quoi au juste ? Là, je butais.

Cependant, Brryan a parfaitement compris où je voulais en venir. Il m'a dévisagée avec attention puis il a baissé les yeux. Quand il les a relevés, il portait sur le visage une expression de sérieux.

— Je ne peux pas devenir ce qu'il était, Paige. Je ne veux pas contenir de la haine dans mon cœur.

Au loin, j'ai entendu les autres chanter : « *They ooze in the gooze without any shoes...* » La fumée s'élevait du feu de camp. Au-dessus de nos têtes, le ciel était rose et orange. Dans deux jours, on rentrerait chez nous.

— Mais... comment ? ai-je demandé.

Il a observé le ciel longtemps puis son regard est revenu sur moi. Il a haussé les épaules.

— C'est toi qui choisis, a-t-il conclu avec simplicité.

Choisir ? J'ai réfléchi.

— C'est aussi simple que cela : j'ai choisi de vivre heureux, et c'est tout, a continué Brryan.

J'ai acquiescé comme si je comprenais et, cependant, c'était loin d'être le cas.

— Écoute, Paige, a-t-il continué en me regardant droit dans les yeux, il suffit de répandre sa propre lumière. À partir de là, tu comprends que ta vie et ce qui t'entoure sont une vraie bénédiction. Ensuite, tu comprends que *toi* tu es bénie et les personnes qui t'ont fait du mal sont alors reléguées dans le passé.

J'ai froncé les sourcils, pensive. J'ai songé à Yasmine et à Lila, aux garçons qui m'avaient surnommée Paids, à Miss Fischer et à Miss Ward. Tous s'évanouissant dans le passé. Tous disparaissant de ma vue. La procédure consécutive à notre plainte continuait. Nous n'avions toujours pas la certitude qu'il y aurait un procès. J'avais l'impression que cela n'en finirait jamais. Mais je voulais que ces événements appartiennent pour de bon au passé.

— Paige, a-t-il repris d'une voix plus douce. Tu es lumineuse, tu sais ?

Il m'a souri. Moi aussi. Nous sommes restés ainsi pendant quelques instants. J'ai entendu un bruit de pas et me suis retournée. Nikki, Wallace et Cole couraient dans notre direction.

— Hé, a commencé Nikki. Venez vite, les monos sautent tout habillés dans la piscine !

Elle m'a prise par la main et m'a entraînée. J'ai ri et adressé un petit signe à Brryan en m'éloignant. Il m'a fait un clin d'œil. Nikki, Wallace, Cole et moi, nous avons filé rejoindre le groupe. Au-dessus de nos têtes, la lumière du soleil a cédé la place à l'éclat de millions d'étoiles, la lumière de millions de minisoleils.

Lors de notre dernière nuit au camp, les moniteurs ont organisé une marche aveugle, appelée aussi « marche de la confiance », car cet exercice permet d'accroître la confiance en soi ainsi que la confiance en l'autre. Les moniteurs nous ont bandé les yeux et nous ont emmenés dans la forêt. Nous avons marché en file indienne, guidés par les moniteurs, la main posée sur l'épaule de celui ou celle qui nous précédait. Le silence était total. De temps à autre, on s'arrêtait, un moniteur conduisait l'un d'entre nous à l'écart pour lui parler. On attendait le retour du moniteur et on reprenait jusqu'à l'arrêt suivant. Comme je ne voyais plus rien, mes autres sens étaient devenus plus aigus. J'entendais les oiseaux chanter, le bruit du vent dans les feuilles et je sentais la douceur de l'air.

Quand mon tour est venu, la monitrice a prononcé les paroles suivantes.

— Paige, chaque jour, tu as la possibilité de vivre le plus beau jour de ta vie. À toi de choisir.

À toi de décider.

— D'une étincelle peut jaillir une flamme, a-t-elle continué. Laisse la flamme entretenir l'espoir de tous les possibles. Tu as le pouvoir d'allumer le feu du changement. N'attends pas avant d'entreprendre. Agis si tu en ressens le besoin.

C'est aussi simple que cela : tu choisis de vivre heureux, et c'est tout.

— Tous, nous espérons une guérison, la compassion pour ceux qui vivent avec le VIH/sida. Chacun d'entre nous a son histoire. L'infection au VIH ne te détermine pas en tant qu'individu.

Paige… tu es lumineuse, tu sais.

Le vent soufflait dans mes cheveux. Demain, à cette heure, je serai de retour chez moi. Avec maman, dans notre petite maison en brique à deux pâtés de maison de Clarkstown. Dans quelques semaines, c'était la rentrée à Herron.

Presque un an s'était écoulé depuis que j'avais avalé les somnifères. Si j'avais réussi ce jour-là, c'est-à-dire si les comprimés avaient eu le temps d'agir comme je l'avais souhaité, je ne serais plus de ce monde. Je n'aurais jamais rencontré Brryan, Eva, Nikki, Wallace ou Cole, les jumelles, les éducateurs et ces gens étonnants. La monitrice continuait.

— Maintenant, tu peux ouvrir les yeux.

J'ai retiré mon bandeau.

— Nous t'aimons tous, Paige, a-t-elle conclu.

— Moi aussi, ai-je répondu.

Je le pensais. Du fond du cœur. Plus tard dans la soirée, les occupants de chaque chalet ont réalisé un spectacle. Les garçons du chalet de Wallace et de Cole ont effectué une synchro en play-back d'une chanson de Justin Bieber. Arrivés au milieu de la chanson, ils se sont mêlés au public, ont pris une fille par la main et chanté pour elle. Wallace m'a choisie, Cole a choisi Nikki. On pouffait, en revenant vers la scène. Nos amis – comme nous étions devenus proches, et si vite… –, nous ont acclamés. Wallace a eu un déhanchement très drôle et, en même temps, touchant. J'ai croisé le regard de Nikki, nous avons éclaté de rire.

Puis les moniteurs ont effectué un play-back de *Dont' Stop Believin'*[1] et tout à coup ils ont soulevé Eva au-dessus de leurs têtes, à la façon dont Brryan m'avait soulevée, le jour des

1. Chanson du groupe de rock américain Journey.

photos pour *People*. Tout le monde a applaudi, et moi, plus que les autres. Le reste de la soirée s'est déroulé comme dans une brume : on a dansé dans la nuit en agitant des bâtons lumineux. On a regardé les diapos de la semaine, des larmes d'émotion ont coulé sur nos joues. On s'est embrassés avant de revenir dans nos chalets pour y passer notre dernière nuit.

La fondatrice du Camp Kindle, Eva Payne,
et moi faisons les folles au Camp Kindle, dans le Nebraska.
C'est là où je me suis vraiment trouvée.

Le départ en bus était prévu au petit jour. Moi, je ne partais que plus tard dans la matinée, à un horaire plus raisonnable pour un pilote de l'association Angel Flight. Mais Nikki, Wallace rentraient en bus et je voulais leur dire au revoir. Cole, Wallace, Nikki et moi nous sommes retrouvés à la cafétéria vers 3 heures du matin. Un matin qui était encore dans la nuit. Nous nous sommes promis de rester en contact.

Tel fut le début de la fin d'un séjour magique, j'en avais intensément conscience. Chacun allait rentrer chez soi, et reprendre sa vie d'avant son séjour au Camp Kindle. La plupart, je le sais, affirmeraient avoir été dans un centre de loisirs et de vacances « normal », et inventerait même un nom par souci de vraisemblance. Certains continueraient à se cacher, à garder secrète leur lutte de tous les instants. Ils continueraient aussi à prendre leur traitement en espérant que personne ne le remarquerait ni ne s'interrogerait. Quand ils devraient se rendre chez le médecin, ils diraient seulement : « J'ai des problèmes d'allergie » et non la vraie raison de ces consultations trop fréquentes.

Mais je savais qu'ils n'oublieraient pas ces vacances. Ils en enfermeraient précieusement le souvenir dans leur mémoire et dans leur cœur, et y recourraient lors des moments de trop grande solitude, lorsqu'ils auraient besoin de se souvenir que quelqu'un, quelque part comprenait.

Je le savais parce que je le ferais aussi.

Quand le bus s'est éloigné, les moniteurs ne sont pas restés immobiles ni ne sont rentrés dans leurs chalets. Ils ont suivi le bus en courant, sans cesser d'agiter la main, même quand le bus a disparu et que ses passagers ne pouvaient plus les voir.

Moi aussi, j'ai couru.

Puis Cole et moi sommes allés au bord du lac, comme le jour de notre arrivée. Nous avons admiré le lever du soleil, les nuages roses comme de la barbe à papa au-dessus de nos têtes. Le petit croissant de lune persistait, et j'ai aimé que le Soleil et la Lune se rencontrent juste au-dessus de ma tête. Cole a couru après les canards qui, surpris, se sont envolés en battant des ailes et en cancanant avant de revenir pour de nouveau être chassés. Nous sommes restés ensemble, conscients du temps qui s'écoulait inexorablement.

J'aurais aimé rester là toute ma vie.

Quelques semaines plus tard, maman a déboulé dans ma chambre.

— Tu y es ! a-t-elle crié.

Elle a brandi et agité le magazine *People*.

— Tu es dedans ! a-t-elle repris.

On l'a feuilleté, passé rapidement sur une recette santé de salade expliquée par un coach personnel de célébrités, un article sur la nouvelle silhouette d'une star de télé-réalité, la dernière coupe de cheveu de Justin Bieber et une pub pour un nouveau shampooing. Et je nous ai vus, Brryan, Wallace, Anthony et moi. C'était la photo où Brryan m'avait soulevée, et où les deux garçons étaient appuyés contre lui. Dessus, je suis à l'horizontale, Brryan enserre mon poignet et ma cheville. Ma main est sur le bras d'Anthony qui est pelotonné contre Brryan lequel s'incline sur Wallace. Il fallait regarder de près pour savoir à qui appartenait quelle main.

Le titre de l'article était le suivant : *Des héros parmi nous* et avait cette légende : *Brryan Jackson a survécu au sida : un exemple de courage pour des jeunes séropositifs.*

Avant de quitter le Camp Kindle, Brryan m'avait donné un petit mot. J'allais le lui prendre des mains mais il avait retenu mon geste.

— Non, attends.

Il l'avait déplié et lu lui-même.

À mon retour chez moi, si l'on me demande qui est mon héros, je donnerai le nom de la personne qui m'a vraiment inspirée au long de cette semaine. C'est celui de Paige Rawl. Elle est petite mais il ne faut jamais sous-estimer quelqu'un jusqu'à ce que l'on voie le fond de son cœur... Je ne l'oublierai jamais. Elle aura, pour toujours, une place au fond de mon cœur.

Brryan Jackson.
HOPE IS VITAL[1]

Ensuite il m'avait tendu son petit mot. J'avais serré Brryan dans mes bras et nous nous étions longtemps étreints. Maintenant, nous étions réunis entre les pages de *People*. Brryan sur le papier glacé semblait me sourire, alors je lui ai souri. Le plus remarquable, sur cette photo, c'est que nous avons l'air tellement peu… remarquable ! Brryan semble fort, et en bonne santé, comme tout le monde. Et justement, nous sommes comme tout le monde. Mieux, nous paraissons heureux. Je vois sur cette photo une fille et trois garçons dont j'aurais envie de me faire des amis.

---

1. Nom de l'association de Brryan Jackson qui soutient les enfants malades du sida.

Avancer

En octobre, à la télévision, j'ai vu la photographie d'un jeune Afro-Américain. Un peu plus jeune que moi, il avait de beaux yeux pensifs et un sourire espiègle. J'ai tout de suite compris qu'il lui était arrivé malheur.

Il ressemblait un peu à Louis. J'avais souvent téléphoné à ce dernier, communiqué avec lui par ordi interposé et je lui avais demandé de ses nouvelles. Parfois, il me répondait, évasivement : *Tu me connais : toujours la plus belle pour aller danser.* Ses réponses me faisaient sourire, mais je me souvenais trop bien des marques sur ses bras et je m'inquiétais.

L'ado dont je voyais la photo à la télévision s'appelait Jamarcus Bell. Il habitait à Fishers, dans l'Indiana, à environ trente kilomètres de chez moi. Mon instinct ne m'avait pas trompée : Jamarcus s'était suicidé après avoir été harcelé durant des années, a expliqué le journaliste. On se moquait de lui depuis le collège. Pendant les cours de soudure, les élèves lui jetaient des morceaux de métal et l'affublaient de surnoms dégradants. Le journaliste parlait de lui comme du garçon qui sourit toujours.

Le mois dernier, Billy Lucas, de l'Indiana est mort aussi. Il était gay, on se moquait de lui. Il s'est pendu dans la grange de ses parents. On lui avait dit d'aller se faire pendre. Voilà un autre adolescent qui avait mis fin à ses jours parce qu'il avait été harcelé. Comme Billy Lucas, Hope Witsell, la fille dont j'avais entendu parler à la radio, lors de mon retour du centre antistress. Comme des milliers d'autres qui l'avaient précédée.

Quelques jours plus tard, maman a reçu un appel de notre avocat. J'ai deviné qu'il y avait du nouveau à la façon dont elle a plaqué le combiné contre l'oreille et a répondu par à-coups.

— Mais comment... ?

Pause assez longue.

— Mais quatre sur cinq...

— Trois instances ? Et pourtant, il y avait plusieurs... ?

— Oui mais c'est...

— Bon d'accord, mais est-ce que nous ne... ?

— Et qu'est-ce qui serait... ?

— Combien de temps ?

Je crois même me souvenir qu'elle ne l'a pas salué, avant de raccrocher. Maman a ensuite gardé les yeux baissés. Moi, j'ai attendu en silence.

— Maman ? ai-je fini par demander.

Immobile, elle avait le regard perdu.

— Maman ? Que se passe-t-il ?

Le réfrigérateur a bourdonné. Chez nos voisins, la radio était en marche et le rire de l'animateur s'élevait. Maman a secoué la tête, et soudain s'est voûtée. Je me suis laissée tomber sur une chaise.

— C'était l'avocat ?

Maman n'a pas répondu.

— Il y aura un procès ? ai-je insisté.

Maman a enfin levé les yeux vers moi. Ils étaient remplis de larmes.

— Maman ? ai-je repris d'une voix lente. Est-ce qu'il y aura un procès ?

Maman a secoué la tête. Et quand elle s'est décidée à prendre la parole, ce fut d'une voix si basse que je l'ai à peine entendue.

— Non...

Je n'ai rien dit. J'essayais de digérer la nouvelle.

Il n'y aura pas de procès.

Jamais ils ne témoigneront.

Jamais mon cas ne sera porté devant une cour de justice.

Maman a longtemps gardé les yeux fermés. Elle hochait lentement la tête de temps à autre, sinon elle restait immobile.

— Je suis désolée. Vraiment désolée, ma chérie.

Je me suis mordu la lèvre si fort que j'ai senti le goût de mon sang.

— Pourquoi ?

Maman a haussé les épaules. Ce n'était pas par indifférence, non, seulement de la résignation.

— Maman ?

— Le juge a prétendu que nous avions quatre chefs d'accusation sur cinq. Il nous fallait les cinq.

Ce que je savais. Dès le départ, la loi est très claire sur les deux premiers chefs d'accusation : d'abord, le VIH est considéré comme un handicap selon deux lois, ensuite, les enfants séropositifs doivent avoir la possibilité de fréquenter un établissement scolaire sans subir de harcèlement. Pour qu'il y ait procès, nous devions gagner trois autres chefs d'accusation : prouver que le harcèlement était avéré, que l'établissement scolaire en avait eu connaissance et enfin que celui-ci n'avait pas pris les mesures nécessaires et raisonnables pour me protéger. J'avais du mal à déterminer lequel des trois nous avions perdu.

— Lequel on n'a pas eu ?

Maman a levé les mains.

— Je...

— Lequel maman ?

— Il a été reconnu que tu avais bel et bien été harcelée...

— Et... ?

— Il a été reconnu que l'administration avait eu connaissance de ce harcèlement.

Je l'ai regardée, muette. Le juge pensait donc que l'établissement scolaire avait pris les mesures nécessaires pour y mettre fin. Mon esprit fonctionnait à toute vitesse. Des mesures nécessaires, raisonnables ? Mais on avait affirmé que je faisais des histoires pour rien. On avait ignoré les appels de maman et ses messages. On avait pris le parti de Yasmine parce qu'elle était une élève exemplaire. On m'avait demandé de nier ma séropositivité.

J'ai repensé à Kyle, Michael et Devin qui m'avaient surnommée Paids et s'étaient moqués de moi pendant le cheerleading. Quelles mesures avaient été prises à cet instant ? Et les commentaires sur les photos en ligne ? Les messages de Lila ? Et ceux, anonymes que nous avions mentionnés ?

Pas de SIDA à Clarkstown.

Salope. Pute.

Et mon nom écrit en toutes lettres sur les murs des toilettes ? Personne n'avait reçu d'avertissement. Jamais. Maman a repris d'une voix lente.

— De plus, le juge a seulement retenu trois cas de harcèlement. L'établissement scolaire y a réagi de façon appropriée.

J'ai eu la bouche sèche, et c'est pourquoi j'ai prononcé un seul mot dans un murmure.

— Trois...

— Le premier incident entre toi et Yasmine, relatif au message anonyme. Les moqueries ciblant Ethan à la cafétéria. Et enfin, le commentaire de Miss Ryan.

C'est tout ?

— Et mon surnom ? Paids ?

Maman a secoué la tête.

— Cela n'a pas été pris en considération.

— Et les messages ? Les commentaires en ligne ?

Maman a baissé les yeux, et hoché la tête de façon presque imperceptible.

— Et les messages que tu as laissés ? ai-je insisté. Tes coups de téléphone ? On ne t'a jamais rappelée ! Ce sont des mesures « raisonnables » ?

Maman a pris une grande inspiration et a poursuivi d'une voix très douce.

— Tu sais bien, chérie, ton collège ne se souvient même pas que j'ai laissé des messages. Il n'y a aucune trace de mes coups de téléphone. Rien n'a été consigné. Le juge n'a rien...

Maman me regardait droit dans les yeux, et j'ai compris. Elle s'efforçait de me faire comprendre que, jusqu'à maintenant, nous avions peut-être été trop naïves, ou trop jeunes, pour comprendre l'ampleur de la situation et du défi.

À ce moment-là, j'ai compris où je m'étais trompée. J'avais été une enfant. Une enfant qui avait sollicité l'intervention de grandes personnes pour résoudre un problème et avait espéré qu'elles le régleraient rapidement. J'avais espéré que les adultes se comporteraient conformément à ce qu'un enfant attend des adultes. Leur protection.

Mais maintenant, dans notre cuisine dont les persiennes étaient tirées, et environnée par le silence, j'ai pris conscience de mon erreur. J'avais eu besoin d'adultes responsables, mais ces derniers avaient agi en accusés potentiels dans un premier temps et ensuite en accusés. Pour se protéger *eux*. Je suis certaine que leurs avocats leur avaient expliqué que telle devait être leur ligne de conduite. Moi, pour avoir gain de cause, j'aurais dû consigner les faits et documents, les photocopier. Ainsi prouver que c'était bien arrivé. Ensuite, les produire comme pièces à conviction. Est-ce là le comportement d'un enfant ? Non. J'ai aussi compris autre chose : je venais de franchir une étape. J'avais l'impression d'avoir traversé un pont et que, me retournant pour regarder derrière moi, je découvrais qu'il avait été brûlé. Jamais je ne pourrais plus revenir sur mes pas, autrement dit, retrouver la conviction que les grandes personnes agissaient conformément aux attentes et espoirs d'un enfant.

J'avais beau avoir la certitude que maman serait à mes côtés pour toujours, il ne m'en faudrait pas moins être prudente. Voire méfiante. Le monde était bien différent de celui que j'avais imaginé. Il était beaucoup plus compliqué.

J'ai senti des larmes brûlantes couler sur mon visage que j'ai enfoui entre mes mains. Presque instantanément, j'ai senti la main de maman sur mon dos.

— Nous pouvons faire appel, tu sais. Ce n'est pas fini !

Maman parlait plus vite, maintenant, comme à son habitude lorsqu'elle était en colère, émue ou inquiète.

— On pourrait avoir plus de chance en présentant notre affaire devant un autre tribunal que celui d'Indianapolis, devant un autre juge. Nous savons désormais contre quoi nous nous battons. Il faut seulement insister pour appeler des témoins, pour attester d'autres faits de harcèlement. Nous pouvons prouver…

— Combien de temps ? ai-je coupé, levant les yeux vers elle. Combien de temps faudra-t-il encore ?

— Eh bien…

Maman s'est tue.

— Je ne sais pas. Deux ans peut-être ? a-t-elle finalement répondu avec calme.

Deux ans. Jusqu'à la fin de mes années de lycée. Voire au début de mes études universitaires. J'avais quitté Clarkstown alors que j'étais en quatrième et la procédure pouvait se poursuivre jusqu'à l'université. J'ai secoué la tête.

— Non.

Impossible. J'avais donné, à Clarkstown, mes années de collège et de lycée. Clarkstown ne méritait pas que je lui consacre davantage. Je voulais que Clarkstown sorte de ma vie.

Les personnes qui t'ont fait du mal sont alors reléguées dans le passé.

Maman m'a dévisagée.

— Écoute, ma puce, tu n'es pas obligée...

— Non.

— Paige, tu comprends que c'est la seule façon...

— Non ! Il y en a d'autres !

Maman s'est tue et a secoué la tête, un peu troublée.

— Si la loi affirme que Clarkstown a pris les mesures nécessaires pour me protéger, alors c'est la loi qu'il faut changer ! ai-je affirmé.

— Mais...

— Pour le moment, la loi a un champ d'action si restreint qu'elle ne peut garantir la sécurité.

La loi ne m'avait pas protégée et n'avait pas non plus su protéger Hope Witsell, Billy Lucas ou encore Jamarcus. J'ai haussé les épaules. La situation semblait tellement plus simple, tout à coup.

— On va donc changer la loi !

Je ne savais pas comment faire, mais je trouverais bien. Tant d'ados avaient subi tant d'humiliations. On peut écouter la radio ou la télévision sans de nouveau entendre l'une de ces histoires tragiques. Maman s'est levée, s'est approchée des fenêtres et a regardé dehors longtemps.

— Si tu savais comme je suis en colère..., a-t-elle finalement conclu. À un tel point que je n'arrive pas à penser clairement. Je ne veux pas que Clarkstown s'en tire impunément !

— Écoute, maman, si la loi change, alors Clarkstown devra aussi changer. Ça deviendra impossible de se cacher derrière la loi et la procédure. Clarkstown devra réparer !

Maman a vaguement acquiescé. Distraitement. Elle évitait toujours de me regarder.

— Je vais me défendre toute seule ! Maman ? Tu ne me crois pas ?

Autre petit hochement de tête. Face à son silence, j'ai insisté :

— Écoute, la réalité est horrible, les cas de harcèlement sont fréquents.

Je pleurais.

— Et c'est terrible.

Maman est revenue, et s'est assise à table.

— Alors, pas de recours ? a-t-elle conclu.

J'ai réfléchi. Ce serait la fin d'une longue route. Notre plainte échouait là. Mes liens avec Clarkstown aussi. Une fin en queue de poisson.

— Non. Pas d'appel, ai-je dit finalement. Agissons, plutôt.

— Agir comment ?

— Aucune idée, on verra !

Un authentique cri du cœur.

— Je ne sais pas encore, mais je peux commencer par raconter mon histoire ? C'est un bon début, tu ne crois pas ?

Maman a soupiré et fermé les yeux. Puis nous sommes restées immobiles et silencieuses pendant un moment. Maman la première a rompu le silence.

— Paige ?

J'ai haussé les sourcils.

— Je suis fière de toi. Vraiment fière de toi.

Je lui ai souri à travers mes larmes qui coulaient abondamment. Mon cœur battait de tristesse et de déception, de colère et d'espoir.

— Merci..., ai-je répondu.

Moi aussi, j'étais fière de moi.

Participation au Prom Court[1]
à la fin de mon année de première.

1. Bal de fin d'année.

Miss Teen Essence

L'été précédant ma rentrée en première à Herron, je me suis de nouveau retrouvée devant un public. Je portais une robe de rêve, blanche et bouffante avec des roses rouges brodées. Les lumières étaient vives, et l'assemblée, bruyante. J'adorais ces ambiances.

Mon séjour au centre antistress remontait désormais à deux ans et ma participation au Camp Kindle, à un an. Depuis, je parlais davantage devant des publics différents, je voyageais, rencontrais des enfants, des adolescents et des jeunes, ainsi que des activistes partout aux États-Unis.

Quelques mois auparavant, j'avais soutenu les efforts de Herron High pour organiser la première HIV/AIDS Awareness Week[1]. À cette occasion, les murs des couloirs avaient été recouverts d'affiches. Chaque professeur, chaque lycéen et chaque casier arboraient au moins un autocollant représentant un ruban rouge. Les élèves en avaient sur leurs vêtements, le visage et le front. J'ai même vu un garçon qui

1. Semaine de prise de conscience VIH/sida.

les exhibait sur les lobes de ses oreilles. Il y avait des rubans rouges partout.

Au mois de décembre suivant, j'ai pris la parole lors d'un forum jeunesse qui se tenait dans le Delaware dans le cadre de la Journée mondiale du Sida. Je portais un vieux T-shirt noir sur lequel était tout simplement écrit : *SÉROPOSITIVE*. J'ai raconté mon histoire devant des jeunes de mon âge. Après mon intervention, j'ai remarqué deux Miss, la première, sensiblement de mon âge, l'autre plus âgée. Toutes deux avec leur couronne et écharpe. Je me suis approchée d'elles.

— J'adore les concours de Miss !

La plus âgée des deux avait de longs cheveux noirs et une peau très sombre, et portait une robe rouge fluide. Sur son écharpe se détachaient ces mots : Mrs Essence. Elle a ouvert les bras et nous nous sommes étreintes.

— Tu es drôlement courageuse ! m'a-t-elle confié. J'ai adoré ce que tu as dit.

Puis elle a reculé et m'a tendu la main.

— Je me présente : Tamika Hall. Mrs Essence 2010 et ravie de l'être.

L'autre, la plus jeune, a poursuivi :

— Melanie Haynes. Miss Delaware Essence. Tu as été géniale !

— Essence ? Parlez-moi de ce concours, me suis-je empressée de leur demander.

— C'est le meilleur ! s'est enthousiasmée Tamika. Les femmes Essence sont des vraies femmes.

— C'est exact, a renchéri Melanie. Les filles viennent de toutes les couches de la société.

— C'est-à-dire ?

— Ce sont des femmes de tous les milieux. Sans discrimination de race et de couleur.

— L'année dernière, Mrs Essence a perdu cinquante kilos en deux ans, et elle a raconté combien cela a été difficile, a continué Tamika.

— Certaines ont surmonté des épreuves, a ajouté Melanie.

— Voire des catastrophes, a précisé Tamika, se montrant du doigt. Mon domaine, c'est la violence, si cela te parle.

— Nous sommes l'Essence de la femme moderne ! a déclamé Melanie, grandiloquente.

— Nous *incluons*, nous *n'excluons* pas, a enchaîné Tamika. On donne une voix à toutes les femmes.

Elle s'est penchée vers moi. Elle avait le regard le plus expressif que j'avais jamais vu.

— Et surtout, on s'amuse comme des folles !

J'ai tout de suite eu envie de participer !

Je me suis donc envolée pour Kansas City. Tamika et Melanie avaient raison. C'était le concours des Miss le plus amusant auquel j'ai participé : on s'est déchaînées sur un groupe de soul, on a fait du patin à roulettes (j'ai même essayé de danser le limbo en patin à roulettes). On a dansé et ri. Le rassemblement de personnes aussi différentes rendait les activités encore plus drôles.

C'était maintenant la finale de Miss Teen Essence Division. Les cinq candidates encore en lice devaient répondre à une question tirée au sort. Le juge s'est penché sur son micro pour lire ma question.

— Si vous aviez la possibilité d'écrire un livre, quel titre lui donneriez-vous, et pourquoi ?

J'ai souri. Je me suis souvenue de cette matinée où l'histoire de mon harcèlement et notre plainte avaient été en première page d'un journal d'Indianapolis, du jeu de mots que maman et moi nous avions fait et dont je ne me lassais pas : *Paige en Première page !*

— J'ai déjà pensé écrire un livre, ai-je répondu. J'envisageais de lui donner ce titre : *Paige en première page.* Car autrefois, j'ai fait la une d'un quotidien. Parce que, au collège, j'ai été victime de harcèlement...

Je me suis tue. Cela aurait été facile de s'arrêter là. De garder la suite secrète. J'avais été une petite fille timide qui n'osait pas faire de vagues ou mettre les autres mal à l'aise. Je n'avais jamais eu d'autre désir que de rentrer dans le rang. D'être comme tout le monde. Je me trouvais maintenant sur scène, en finale d'un concours de Miss. N'était-ce pas là l'occasion rêvée de révéler ma séropositivité ? « Être une fille bien », en définitive, ce n'est pas rentrer dans le rang, se fondre dans la masse et garder le silence. C'est avoir le verbe haut, l'énergie et la fermeté d'Amber – ma copine grande gueule prête à tous les défis. Prête à se battre pour protéger autrui. Pour faire triompher la liberté et la justice. « Être une fille bien », c'est s'élever contre ce qui *est* et lutter en faveur de ce qui *devrait être*. J'ai donc pris une grande inspiration, et j'ai achevé.

— … parce que je suis séropositive.

Le public a réagi immédiatement et sans ambiguïté. Mouvements et chuchotements. J'ai ressenti le besoin urgent de ravaler mes mots et de les enfouir au plus profond de moi. Mon aveu était peut-être trop violent ? L'univers des Miss n'était peut-être pas encore prêt ? Je me suis souvenue du premier prospectus sur les Miss que nous avions reçu à la maison. À cette époque, maman était réticente à ce que j'y participe. « C'est compliqué… », avait-elle dit nerveusement. Elle avait eu raison… J'étais encore si jeune. Si ignorante.

Puis je me suis rendu compte que les gens applaudissaient, tout simplement. J'avais divulgué ma séropositivité, le public applaudissait. J'ai quitté la scène et suis retournée m'asseoir parmi les autres candidates. Et à ce moment-là, je me suis dit : *Et si j'appelais ce livre* Positive *?*

J'aurais aimé remporter la victoire et le titre. J'aurais aimé dire que mon « Je suis séropositive » ait eu un tel impact que les juges impressionnés auraient voté pour moi à l'unanimité. Voilà la gagnante, mesdames et messieurs, c'est la candidate qui a eu le courage de dire la vérité ce soir ! C'est la première Miss séropositive à faire son *coming out*. Voilà sa couronne. Sa tiare ! Regardez-la, n'est-elle pas comme vous et moi ? Mais je n'ai pas remporté la victoire. Je n'ai pas non plus perdu. J'étais première dauphine ! C'était un concours national au cours duquel j'avais avoué ma séropositivité, et j'avais été élue.

Sous le feu des projecteurs, je me suis souvenue de mon premier concours de Miss. La mère de Heather était assise à côté de maman, et toutes les deux avaient les yeux fermés et les doigts croisés. Entretemps, j'étais descendue aux enfers. J'avais fréquenté les urgences, j'avais été hospitalisée dans un centre antistress, je m'étais repliée dans les toilettes de chez McDonald's.

J'avais pris conscience de ma vérité. Et maintenant, je l'avais formulée. *Oui, mais encore ?* ai-je pensé. Un autre concours s'annonçait. Celui de Miss Indiana High School America. Pourquoi ne pas y participer ? Qui n'ose rien n'a rien.

« Tu décides de vivre heureuse »

(et c'est tout)

L'été suivant, j'ai vu une photo de Yasmine sur Internet. Elle assistait à une fête organisée pour les élèves de North City High School – un lycée dont le vivier était Clarkstown Middle School. Le cliché faisait partie d'un album qui avait été mis en ligne. Je l'ai feuilleté d'un bout à l'autre, cliquant sur chaque image. J'ai reconnu presque tout le monde. La plupart avaient été cruels avec moi.

À cette époque, j'étais souvent passée à la télévision, je m'étais adressée à tout le pays. J'avais organisé des veillées antiharcèlement, assisté à la United State Conference on AIDS[1]. J'avais dîné avec des célébrités et d'anciens toxicomanes. J'avais eu l'honneur de compter parmi les cinq héros séropositifs lors d'une compétition nationale. Je m'étais envolée à New York, j'avais roulé en limousine et on m'avait prise en photo sur un tapis rouge devant un cinéma.

1. Conférence sur le sida aux États-Unis, septembre 2010, Orlando, Floride.

Dans un mois, j'allais avoir dix-huit ans. Clarkstown Middle School commençait à appartenir au passé et ce processus avait pris beaucoup de temps, plus que nécessaire.

Et là, sur ces photos, je reconnaissais des élèves qui m'avaient prise pour cible et qui, maintenant, étaient presque des adultes. Je savais qu'ils parlaient toujours de moi… C'est Mariah qui me l'avait dit. Deux semaines plus tôt, j'étais allée manger une glace et j'en avais vu certains. J'avais remarqué leurs regards méfiants et durs pointés sur moi. J'avais surpris des chuchotements. Je n'avais entendu qu'un mot. Sida.

Pour eux, je serais toujours, et seulement, la fille séropositive.

J'ai regardé l'intégralité des photos, j'ai cliqué sur chacune d'elles. Ils étaient dans une cave, sur un canapé, levaient des gobelets en plastique rouge. Un fanion de l'université de l'Indiana était au-dessus de leurs têtes. Dans leurs sweatshirts à capuche et leurs jeans, ils étaient indissociables. C'était comme s'ils portaient un uniforme.

Quelle aurait été ma propre vie résumée à des photographies ? J'ai évoqué mes rencontres depuis que j'avais quitté Clarkstown. Des drag-queens, des toxico désintoxiqués, des activistes, de belles personnes qui avaient choisi d'aimer plutôt que de juger et haïr. J'ai songé à Brryan. Je me suis souvenue du sentiment qui m'avait saisie quand il m'avait soulevée pendant la séance photo du magazine *People*, d'Eva et Wallace, de Louis et de Miss Lane.

J'ai aussi pensé à maman. Depuis peu, je prenais effectivement conscience d'un fait que j'avais pourtant toujours su mais que j'avais occulté. Maman aussi était séropositive. Au cours des années pendant lesquelles j'avais été concentrée, focalisée sur mon cheminement, maman avait effectué son propre parcours et traversé ses épreuves. Maman avait participé à deux aventures : la mienne et la sienne. Son soutien avait pourtant été absolu ; maman s'était si entièrement investie pour moi que j'avais presque oublié qu'elle avait dû elle aussi mener ses combats.

J'ai reporté mon attention sur les photos. Longtemps, les personnes qui y figuraient avaient pris une place importante, démesurée, dans mon esprit et mes souvenirs. Mes persécuteurs, tels des démons, me poursuivaient, m'atteignaient, me saisissaient et me retenaient chaque fois que je tentais d'aller de l'avant.

Mais là, maintenant, devant mon écran d'ordinateur, j'ai eu l'impression très nette que j'avais enfin cessé de courir et de les fuir. J'avais enfin réussi à regarder mes persécuteurs bien en face. Pour la première fois, je les voyais clairement tels qu'ils étaient. Non, ce n'était pas des démons. Non, ils n'étaient pas machiavéliques, monstrueux ou redoutables. C'était seulement des jeunes de mon âge. Quand j'avais fait leur connaissance, ce n'étaient que des collégiens. Maintenant, c'était des lycéens qui buvaient sans doute de la bière en douce dans les caves de leur maison de banlieue de l'Indiana. Et ils avaient l'air presque insipides…

À cet instant, je leur ai été étrangement reconnaissante. Je les ai remerciés de m'avoir permis de vivre puis de surmonter les épreuves par lesquelles j'étais passée. Sans les surnoms humiliants et les rires moqueurs, sans mes pseudo-crises épileptiques et ma dépression, sans le centre antistress et mon infini, insupportable désespoir, nul doute que j'aurais moi aussi figuré avec eux sur ces photos. Mon univers se serait réduit à celui que j'avais maintenant sous les yeux : un clic-clac, les murs lambrissés d'une cave moquettée.

Mais le monde tel que je l'avais découvert, tel que je le connaissais maintenant était plus grand. Plus coloré. Et avec infiniment plus de textures.

Ma séropositivité avait eu valeur d'initiation et d'émulation. Ma séropositivité m'avait offert une échappatoire. Elle m'avait extirpée d'un microcosme étriqué et m'avait ouvert les yeux. Ma séropositivité avait affiné ma compréhension des choses et de personnes qui n'étaient que chagrin et humanité, compassion et bienveillance. Ma séropositivité m'avait donné un but que, sans elle, je n'aurais peut-être jamais trouvé.

D'un autre côté, la séropositivité n'aurait pas dû être une condition nécessaire et indispensable pour mieux voir et regarder les êtres extraordinaires que j'avais rencontrés. Avec leur force et leurs histoires. Présents aux autres. Après tout, on n'a pas besoin d'être séropositif pour voir avec les yeux du cœur. Il faut seulement s'ouvrir, avoir la tête bien faite et être doué d'une insatiable curiosité.

Sans ma séropositivité, aurais-je eu ces qualités ? Ou aurais-je été une adolescente sans but, entourée par son clan, ignorant autrui et la différence. Avec la conviction que son petit monde était le grand monde ?

J'ai cliqué pour fermer et éteindre mon ordinateur. Je connaissais déjà la réponse.

Et j'étais reconnaissante de tout cela.

Remise des diplômes au lycée en juin 2013.
L'orage est passé. Je suis heureuse et confiante. Je sais que
je peux prendre le monde à pleines mains.
Tout ce que j'ai à faire c'est... aller de l'avant, et agir.

Un mois avant d'avoir été couronnée Miss Indiana High School America, de surcroît en révélant ma séropositivité, une élève qui figurait au tableau d'honneur de son école religieuse a assisté à une fête à Steubenville, dans l'Ohio. Elle était plus jeune que moi. Lors des réjouissances, elle a trop bu. Les garçons, prétendument ses amis, l'ont violée, ont uriné sur elle et lui ont infligé des sévices. Des photos du drame ont circulé sur Internet, parfois avec des commentaires aussi violents que : « Bien fait. » L'affaire a pris une ampleur nationale. Finalement, deux joueurs de l'équipe de football ont été reconnus coupables.

Des affaires similaires ont eu des conséquences plus tragiques. Au Canada, une adolescente a été victime d'un viol collectif lors d'une fête. Ses camarades de classe ont fait circuler des photos de ce triste événement sur Internet. De là, elle a été harcelée. Ses amis et des inconnus l'ont traitée de pute. *Pas de putes chez nous*, lui a-t-on écrit. Elle a reçu des propositions ouvertement sexuelles. D'anciens amis la méprisaient et l'accablaient de surnoms humiliants lorsqu'ils la croisaient dans la rue.

Cette fille avait été une élève exemplaire, dotée d'un vrai sens de l'humour. Après plusieurs mois de harcèlement, elle s'est suicidée. Plus tard, des gens ont laissé des commentaires médisants sur le site web que sa famille avait créé à sa mémoire, déclarant qu'elle avait mérité de mourir.

En Californie, une fille a été victime d'un viol collectif lors d'une fête et s'est suicidée après avoir été harcelée sur Internet.

Dans le Minnesota, une adolescente de treize ans qui n'avait même jamais embrassé un garçon s'est suicidée après avoir été traitée de pute et de prostituée par ses camarades de classe. Un garçon de douze ans, de l'État de New York, s'est suicidé après avoir été moqué pour sa taille, et parce que son père était mort quand il avait quatre ans. En Californie, un garçon de treize ans s'est suicidé avec une arme à feu après avoir été harcelé parce qu'il était gay.

Ces histoires sont nombreuses. Le suicide est la troisième cause de mort des jeunes aux États-Unis. Selon une étude, la moitié de ces suicides sont dus au harcèlement. Sur Internet, on peut lire un millier d'histoires identiques. Un millier de personnes remplies d'optimisme et d'espoir à un certain moment de leur vie ont mis un terme à leur existence parce que des individus de leur entourage ont choisi la cruauté plutôt que la bienveillance. Ce qui me frappe le plus, dans ces drames, c'est que les victimes n'ont jamais rien fait de mal. Leur plus grand crime, c'est d'avoir été violée, d'avoir été jolie, ou pas, d'être autiste ou d'avoir un problème de santé, d'être gay ou d'être tout simplement eux-mêmes. J'ai repensé aux messages que j'avais reçus. *Tu ressembles à une fille-mère du sida. Salope. Pute.*

J'ai assez progressé pour ne plus ressentir ces messages comme des attaques personnelles, cependant je suis encore assez vulnérable pour me souvenir du mal qu'ils m'ont fait à l'époque.

Comment lutter ? Pourquoi choisir d'humilier, de harceler, collectivement, une fille ou un garçon pour ce qu'il est ? Pire, pour un drame dont il, ou elle, n'est pas responsable ?

Sommes-nous si sûrs de notre justesse et notre bon droit pour qu'il nous semble juste d'attaquer pour ce qu'il est ? Par manque de chance ? Un méchant tour du destin ?

À moins que ce ne soit le contraire. Peut-être avons-nous tellement peur de connaître un tel destin que d'emblée nous punissons, avec la cruauté nécessaire, des victimes pour se défendre et conjurer la tragédie qui pourrait nous frapper ? À moins que ce soit l'instinct de la meute qui parle, le sentiment de l'insécurité ancestrale, si bien que l'on conforte son appartenance à un groupe dès lors que l'on en exclut un membre ?

Ou qui sait, les êtres humains redoutent peut-être ce qu'ils ne comprennent pas ? Et ne sommes-nous pas les pires individus au monde lorsque nous avons peur ?

Je ne sais pas. Je pense que je ne le saurai jamais. Je sais seulement que cela doit cesser.

Le 3 avril 2013, j'ai témoigné devant le sénat de l'Indiana dans le cadre de House Bill 1423, qui est une loi antiharcèlement. J'ai témoigné avec les mères de plusieurs enfants de l'Indiana lesquels, harcelés, se sont suicidés. Le projet de loi définit le harcèlement comme tout événement créant un environnement d'apprentissage hostile, que ce soit au sein d'un établissement scolaire ou non, que cet événement ait toutes les apparences de la banalité, ou pas, aux yeux de l'administration scolaire et du personnel éducatif. Ce projet de loi requiert que les établissements scolaires développent des programmes antiharcèlement. Il oblige de signaler tout harcèlement, et exige que les personnels enseignants et l'administration scolaire soient formés pour lutter contre le harcèlement.

Le 13 avril 2013, ce projet de loi est devenu une loi.

C'est un bon début ! Je suis soulagée que l'on ait demandé aux établissements scolaires de lancer un programme d'actions contre le harcèlement. Je suis soulagée qu'il leur soit demandé de s'investir, de consigner, d'intervenir pour protéger les élèves. C'est le moins que puisse demander un enfant de la part d'un adulte, n'est-ce pas ? Seulement, ce n'est qu'un début. Il reste des mesures à prendre, initiées par les enfants et les adolescents eux-mêmes.

Je m'adresse à des classes entières et, chaque fois, j'entends des histoires d'élèves qui se sentent différents. Et je peux affirmer que la différence isole. Je sais de quoi je parle. Mais lorsque j'entends ces histoires, je réfléchis et sans cesse cette pensée me vient à l'esprit. Et si nos différences pouvaient nous réunir ? Pensez-y.

Si, au lieu de se sentir isolé par ce qui est autre – j'ai cette particularité, vous l'avez nous l'avons tous –, l'on joignait nos forces ? *On* ? Tous ceux qui, un jour, se sont sentis différents pour toutes les raisons possibles et imaginables. Imaginez un rassemblement, un vrai rassemblement. De personnes qui, au début, hésitent et posent cette question : « Puis-je participer ? »

La réponse est oui.

Vous, qui êtes plus grand que la moyenne, et vous, qui êtes plus petit. Approchez. Venez. Vous qui avez perdu un parent, vous dont le parent est différent de tous les autres parents. Vous l'enfant qui autrefois avez commis une erreur, vous qui êtes paralysé par la peur de commettre une faute. Vous tous, rejoignez-nous.

Imaginez, les gens se hâtent. Maintenant, leur flot est continu, chacun doté de sa différence qui exclut. Vous qui avez ces drôles d'oreilles, vous qui parlez trop fort, vous qui êtes malentendant et vous qui bataillez pour comprendre les maths. Vous qui êtes toujours si calme en classe, vous qui êtes hors norme, vous qui êtes trop gros, ou trop maigre. Vous tous. Venez. Il suffit de décider que la seule réunion de nos différences nous rassemble.

Si nous l'acceptons, nous serons plus grands et plus forts et, surtout, si puissants que nul ne nous donnera plus le sentiment d'être faible. Et le meilleur de tout cela, c'est que l'on s'amusera davantage ! On sera la communauté la plus festive et la plus colorée au monde.

Récemment et pour la première fois, une candidate au concours de Miss America était autiste. Une autre souffrait du syndrome de la Tourette. Une autre était en béquilles. Une autre encore a révélé qu'elle avait subi une double mastectomie – ablation préventive des deux seins –, une intervention chirurgicale destinée à diminuer fortement le risque du cancer du sein, comme sa mère, sa grand-mère et sa grand-tante. Qui sait ? Peut-être qu'une Miss séropositive, ça n'est plus si remarquable, par comparaison ?

Je me suis rendue dans les bureaux du magazine Seventeen *quand j'ai été sélectionnée comme finaliste de leur compétition de 2013 Pretty Amazing.*

L'été dernier, je me suis rendue au Camp Kindle, et cette fois en tant que monitrice. J'y ai fait la connaissance d'Andrew, moniteur lui aussi dans l'équipe d'organisation des jeux, des concours et des compétitions. Il ambitionnait de devenir chirurgien orthopédique et suivait déjà une formation dans le Nebraska. Il aimait la musique country, n'avait jamais rencontré une personne séropositive ou un malade du sida mais, comme Eva Payne, il avait été attiré par le sort des enfants qui étaient touchés. Nous avons tous les deux été moniteurs auprès des plus jeunes participants : lui pour les garçons et moi pour les filles. Je l'ai vu agir avec les garçons, j'ai été frappée par sa propension à rire, son inclination à l'empathie et aux gestes affectueux : consoler un petit qui venait de tomber, en porter d'autres sur son dos.

Je lui ai raconté mon histoire. Il ne m'a pas prise en pitié, il a seulement écouté. Durant une réunion des moniteurs, lui et d'autres ont voulu réaliser un *basket toss*, l'acrobatie de pom-pom girl que j'avais ratée à Clarkstown. Je leur ai indiqué où placer leurs mains, comment plier les jambes pour ensuite me propulser et me lancer dans les airs. Je me suis envolée, je suis retombée dans ses bras.

Et là, je me suis rendu compte qu'il était vraiment craquant.

Quand je suis rentrée à Indianapolis, maman a remarqué que nous nous téléphonions souvent.

— Tu es amoureuse ?

J'ai souri sans répondre.

— Paige ? Il est amoureux ?

J'ai fermé les yeux et quand je les ai rouverts, je n'ai pas pu y résister. J'ai souri.

— Oui, il est génial.

— Il a des projets ?

— Oui. Il est intelligent !

— C'est quelqu'un de bien ?

— Le meilleur !

Elle a secoué la tête.

— Paige, ce bonheur sur ton visage !

— Tu devrais le voir avec les enfants !

Rien que d'y penser, j'étais heureuse.

— Tu sais, maman, j'ai peut-être rencontré mon prince charmant.

Peu après, Andrew est venu me rendre visite à l'université. Maman m'a téléphoné.

— Je le rencontrerai quand il sera là ?

— Oui, il viendra dîner à la maison.

Maman nous a préparés des filets de bœuf et des pommes de terre *cuites deux fois* (au four), et elle m'a convaincue de chanter une ou deux chansons country. Andrew ignorait que je savais et aimais chanter, et nous avons branché le karaoké. J'ai chanté du Carrie Underwood. Il a eu l'air surpris. J'ai ri. Je les ai regardés, assis l'un à côté de l'autre, maman maladroite, véritable petit soldat, et ce jeune homme étonnant, mon prince charmant dont j'étais totalement, définitivement amoureuse.

J'ai aidé un enfant aujourd'hui. *Participation au Dance Marathon de l'université d'État de Ball*[1] *en 2011. J'ai participé à son organisation et, en même temps, j'ai découvert l'établissement que je voulais fréquenter après la remise de diplôme du secondaire.*

J'écris ces mots maintenant que je suis étudiante. Je suis entrée à l'université d'État de Ball, à l'automne, où je soutiens

1. Marathon dansant de l'université de Ball.

l'organisation du Dance Marathon annuel pour lever des fonds destinés au Riley Hospital. Je travaille directement avec les familles de l'hôpital, ce qui est génial, puisque moi-même je suis une « enfant de Riley ». J'envisage d'étudier la biologie moléculaire : mes objectifs professionnels ont changé. Quand j'étais petite, je voulais être le docteur Cox, maintenant, je veux découvrir les médicaments que le docteur Cox prescrit. Il y a de nombreux débats sur la prochaine génération de médicaments pour traiter le VIH. Un jour, peut-être, on découvrira un vaccin. Au moment où j'écris ces lignes, un bébé né avec une infection au VIH à Jackson, dans le Mississippi, a été « fonctionnellement » guéri. Il est toujours porteur du virus mais il ne paraît pas capable de le répliquer. Cette information a déclenché de nombreuses recherches cliniques. Simultanément, on ne perd pas espoir de découvrir un vaccin anti-VIH dans au moins une dizaine d'années. J'aimerais être sur les rangs, faire partie de l'équipe qui reléguera le VIH/sida dans le passé. Je veux concevoir un vaccin pour les personnes non contaminées, afin que la vie des séronégatifs et séropositifs soit identique.

Il y a encore beaucoup de travail… Quelques semaines après avoir appris la nouvelle de la « guérison » du bébé de Jackson, le sénat du Kansas, un État du Midwest moins tolérant que l'Indiana, a voté un projet de loi autorisant la mise en quarantaine des personnes vivant avec le VIH/sida. Même des années plus tard, l'ignorance et la peur gagnent toujours sur l'information.

Retrouvailles avec le Dr Martin Kleiman qui m'a soignée et a aussi traité Ryan White. C'est l'un des premiers et plus importants pédiatres spécialisés dans la prise en charge des patients VIH/sida, lors du Dance Marathon de l'université de l'Indiana.

Ce que je sais, c'est que je vais continuer à travailler avec les enfants d'une façon ou d'une autre. Peut-être que, à leurs yeux, je semble aussi adulte et mûre que le docteur Cox semblait l'être autrefois à mes yeux. Peut-être leur raconterai-je un jour comment moi j'ai vécu et éprouvé ma séropositivité.

Peut-être que l'enfant sous ma responsabilité ne comprendra pas le sens de mon récit. Peut-être fera-t-il un effort pour connecter sa réalité actuelle à celle que je lui décris. Peut-être que, à la fin, il me sourira, avec une telle sincérité que j'en serais bouleversée.

— Mais ce n'est plus du tout comme ça ! me dira-t-il avec un petit haussement d'épaules.

Et je saurai, grâce à ce simple haussement d'épaules, que c'est la vérité : dans ce nouveau monde, la cruauté à l'égard des individus avec une infection au VIH, le VIH lui-même, appartiendra au passé.

C'est un espoir.

Et moi, j'espère.

Maman, mon plus grand supporter.
Avant un Masquerade Ball en 2008.

Quand j'étais petite, je voulais être
comme le docteur Cox plus tard.
Elle est toujours l'une de mes héroïnes.

Postface

D'autres personnes m'ont soutenue et tirée du gouffre. Quand mon cheminement a été le plus difficile, quand j'ai été isolée et quand j'ai essayé, des plus terribles façons, d'échapper à ma solitude, ce sont les nombreuses personnes présentes à mes côtés qui m'ont sauvé la vie.

Ce sont les plus petits moments passés avec eux qui ont eu le plus d'importance ; chanter une chanson. Faire des grimaces dans un miroir. Se faire les coiffures les plus abracadabrantes qui soient et rire jusque tard dans la nuit. Partager un sac de croustillants au fromage, converser sans fin sur la mode, les garçons et les émissions à la télévision.

Grâce à eux, j'ai eu le sentiment d'être normale, comme tous les jeunes de mon âge.

Vous qui lisez ces lignes, qui évoluez dans votre propre nuit, ne flanchez pas, ne cédez pas face à l'adversité, tenez bon. Les vôtres ne sont pas loin. Les vôtres ? Oui. Des amis qui vous aimeront tels que vous êtes. Quand vous les aurez trouvés, vous rirez plus que jamais. Cette gaieté remplira les coins et recoins de votre cœur, partout où dominait la douleur.

Vous les trouverez. Alors tenez bon.

Si vous avez assez de chance pour ne pas être perdu dans votre nuit, sachez que, tout près, quelqu'un a besoin de votre bienveillance. Maintenant. Désespérément. Offrez-la. Donnez de votre temps. Intéressez-vous. Questionnez. Apprenez à mieux connaître. Mieux encore. Partagez un sachet de croustillants au fromage.

Rien n'est plus facile.

Enfin, si vous êtes un adulte ayant des enfants sous votre responsabilité, et qu'ils se confient à vous, écoutez-les bien. N'avouez pas votre impuissance. Ne dites pas : « Ce ne sont que des enfantillages ! » Ne haussez pas les épaules. Ne leur dites pas qu'ils font des histoires pour rien.

C'est difficile d'être un enfant parmi de grandes personnes. Il faut du courage pour solliciter leur attention et demander leur aide.

Respectez ce courage.

Si vous vous sentez impuissants, demandez. Apprenez. Écoutez.

Essayez toujours !

Je n'avais pas envisagé de faire un tel voyage, et je ne l'ai certainement pas choisi. Mais il m'a forgée et faite telle que je suis maintenant. Les expériences que j'ai vécues, les joies et peines qui les ont accompagnées sont en moi, et font maintenant partie de moi.

À la façon dont un virus a toujours fait partie de moi.

Voilà pourquoi je suis plus forte aujourd'hui. Voilà pourquoi j'ai une voix que je n'avais pas, autrefois. C'est un cadeau que je peux utiliser pour rendre le monde actuel meilleur.

J'espère que vous allez me rejoindre dans ce projet ?

Nous vivons dans un monde compliqué, parfois triste et sérieusement magnifique. Il y a beaucoup de travail.

Et vous savez quoi ? On va s'y mettre tous ensemble.

Je sais maintenant que j'ai reçu la vie parce que je suis assez forte pour bien la vivre et y survivre. Et quand la nuit dans laquelle j'évoluais s'est dissipée, j'ai puisé dans mon expérience pour jouer un rôle à mon niveau. Si vous errez dans votre nuit, gardez espoir. Je vous promets que le bout du tunnel n'est pas loin, vous vous en sortirez. Vous pouvez surmonter la négativité de votre vie pour vivre votre vie en positif.

Remerciements

Ali Benjamin, mon coauteur. Les mots me manquent pour t'exprimer ma reconnaissance. Merci pour ces longues heures de collaboration consacrées à la rédaction de mon histoire. Merci ! Je n'aurais pas réussi sans toi, je ne te remercierai jamais assez pour tout ce que tu as fait. Je n'aurais pu faire ce voyage avec aucun autre.

À Kristen Pettit, Jen Klonsky et toute l'équipe de HarperCollins ainsi qu'à Mollie Glick de Foundry Literary + Media, merci pour tout ce que vous avez accompli afin d'éditer et diffuser mon récit. Je n'aurais pu choisir une meilleure équipe.

Tante Kim et Oncle Randy, merci d'avoir été présents auprès de maman et moi, depuis le début de nos diagnostics, et de nous avoir soutenues dans l'épreuve. Je vous adore.

Candi, tu es la meilleure des sœurs. Je n'aurais pu en rêver de meilleure. Je t'aime. Je suis fière de voir quelle merveilleuse maman tu es devenue, et merci pour mes trois magnifiques nièces auxquelles tu as donné naissance.

Mammal, merci d'avoir été mon plus grand fan. Je t'aime.

Mark, tu as été l'image du père. Merci pour tout.

Merci à Eva Payne de m'avoir accordé son amitié. Merci pour le Camp Kindle qui a totalement changé ma vie.

Riley Hospital For Children. Merci aux médecins, infirmières et aux techniciens de laboratoire qui ont pris soin de moi depuis le début. Je n'aurais pu imaginer avoir été suivie ailleurs.

Merci à l'administration scolaire et à la faculté de Herron High School de m'avoir permis d'être moi-même, de m'avoir soutenue et, aussi, pour tous les merveilleux souvenirs que j'ai de ma scolarité. Je vous serai éternellement reconnaissante.

Merci à tous ceux et celles qui ont été à mes côtés quand d'autres se sont dérobés lors des moments les plus difficiles.

Aides et ressources

VIH : faits et chiffres

Qu'est-ce que le VIH ?

C'est le virus qui peut causer le sida.

V. : Virus. Capable de se fixer à des cellules particulières du système immunitaire.

I. : de l'Immunodéficience, car le VIH affaiblit certaines cellules qui coordonnent l'immunité (c'est-à-dire les défenses de l'organisme contre les microbes).

H. : Humaine, car ce virus ne contamine que l'être humain.

Qu'est-ce que le sida ?

S. : Syndrome. Un ensemble de signes et de symptômes. Le sida est un syndrome, et non une maladie isolée.

I. : de l'Immuno-, car le système immunitaire comprend toutes les cellules et organes nécessaires pour combattre une infection ou une maladie. Le sida n'est diagnostiqué que lorsque le VIH a tellement affaibli votre système immunitaire, dès lors devenu déficient, que vous attrapez une maladie infectieuse qui serait normalement neutralisée par un système immunitaire sain. Le sida est diagnostiqué lorsque votre taux de T4 – qui mesure votre système immunitaire dans une goutte de sang –, tombe en dessous de 200.

D. : Déficience. Qui manque.

A. : Acquise. Le sida est une maladie que l'on contracte. Le sida n'est ni congénital, ni héréditaire : le VIH s'attrape.

Comment le VIH se transmet ?

Par les sécrétions corporelles, seulement :

- le sang ;
- le sperme ;
- le liquide préséminal chez l'homme ;
- les secrétions vaginales chez la femme ;
- le lait maternel.

À l'occasion de rapports sexuels (vaginaux ou anaux) non protégés, ou de contacts bucco-génitaux avec une personne infectée.

Par transmission de la mère à l'enfant lors de l'accouchement.

Par transmission de la mère à l'enfant au cours de l'allaitement.

En cas de partage d'aiguilles, de seringues ou d'autres instruments pointus contaminés.

Ce qui ne constitue pas un risque de transmission

Le VIH ne se transmet pas par :

– une poignée de main avec une personne contaminée ;

– un baiser avec une personne contaminée ;

– en buvant dans le verre d'une personne contaminée, en mangeant dans son assiette ;

– en mangeant des plats cuisinés par une personne contaminée ;

– le siège de toilette des WC publics ;

– dans une piscine ou un jacuzzi ;

– l'air qu'on respire ;

– un rhume ou une toux ;

– des piqûres d'insecte (moustique).

VIH : statistiques

– En 2009, on estime à 1,5 million le nombre d'adultes et d'enfants contaminés par le VIH et malades du sida en Amérique du Nord.

– 26 000 personnes en Amérique du Nord (sans prendre en compte l'Amérique centrale et les Caraïbes) meurent du sida chaque année.

– Aux États-Unis, une personne sur six est infectée par le VIH **sans le savoir.**

– On compte près 50 000 nouvelles infections chaque année aux États-Unis.

– On estime qu'une infection sur quatre touche la tranche d'âge entre **13 ans** et **24 ans.**

– Toutes les 9,5 minutes, une personne est infectée par le VIH aux États-Unis.

Traitement

Actuellement, aucun traitement ne permet d'éliminer le VIH de l'organisme. Si vous avez été exposé au VIH ou si vous redoutez de l'avoir été, faites-vous dépister. Surtout, n'attendez pas. Des traitements adaptés permettent aux personnes séropositives de bloquer la multiplication du VIH dans leur organisme et ainsi de garder un système immunitaire opérationnel. Et de vivre normalement. Plus tôt vous commencerez à prendre ce traitement, plus tôt les médicaments agiront.

Où se faire dépister ?

Il existe des CDAG (Centre de dépistage anonyme et gratuit), des CIDDIST (Centre d'information, de dépistage et de diagnostic des infections sexuellement transmissibles), mais aussi les laboratoires publics ou privés. Renseignez-vous auprès de votre médecin traitant.

Faits de harcèlement

Quels sont les différents types de harcèlement :

Le **harcèlement** est une forme de violence **répétée** qui vise à blesser intentionnellement la personne, sur le plan physique ou moral (verbal, émotionnel).

Physique, ou toute forme d'attaque physique. La dégradation ou le vol de biens personnels sont assimilés à du harcèlement physique.

Verbal, par l'utilisation de surnoms dévalorisants, moqueries, insultes, menaces, humiliations, chantages.

Émotionnel, par la propagation de fausses rumeurs, d'ostracisme, de pratiques de discrimination, d'exclusion et de mise à l'écart, ou de messages anonymes.

Cyberharcèlement par SMS, sessions de chat, commentaires et vidéos postés sur les réseaux sociaux, les photos prises avec les téléphones portables, etc.

Statistiques aux États-Unis

– En 2013, plus de trente millions d'enfants américains ont été harcelés ou cyberharcelés.

– On estime que 160 000 élèves manquent l'école

quotidiennement par peur d'attaques ou d'intimidations de la part de leurs camarades de classe.

– Un adolescent sur cinq qui est harcelé ou cyberharcelé pense au suicide. Un sur dix passe à l'acte.

– Les jeunes qui sont harcelés sont deux fois plus enclins à se suicider.

– Un élève sur dix refuse d'aller à l'école parce qu'il y est harcelé de façon répétée.

– Toutes les sept minutes, un jeune est harcelé.

– Une étude montre que près de 70 % des professeurs croient « presque toujours » intervenir quand l'un de leurs élèves est harcelé ; seuls 25 % des élèves pensent que c'est réellement le cas.

– 64 % des enfants qui sont harcelés gardent le silence.

Ces statistiques ne concernent pas seulement les États-Unis. Au Canada, un rapport de 2010 qui a observé trente-trois collèges et lycées de Toronto rapporte que 49,5 % des élèves de cette étude ont été cyberharcelés.

Les professeurs canadiens mettent le harcèlement en tête d'une liste de dix options. 89 % affirment que le harcèlement et la violence sont un problème sérieux des écoles publiques.

Selon un récent rapport de l'OMS, le Canada est au 26e et 27e rang des trente-cinq pays qui ont pris des mesures pour lutter contre de harcèlement et la victimisation.

Si vous êtes harcelé

– Vous pouvez agir. Dites, avec calme, aux harceleurs de cesser mais ne ripostez pas sur leur terrain. Non seulement cela ne vous aidera pas, mais la situation empirera.

– Ne vous isolez pas. Confiez-vous. Parlez à un adulte de confiance. Si cette personne ne réagit pas, ou ne vous apporte pas un soutien efficace, adressez-vous à une autre personne. Prenez note des incidents afin d'en rendre compte aux enseignants, à l'administration scolaire et aux parents.

– N'acceptez pas le harcèlement comme une fatalité, un fait irrémédiable. Ne vous laissez pas atteindre. Ne laissez pas les harceleurs remporter la victoire.

Si vous êtes témoin de harcèlement

– Le plus souvent, les harcèlements ne surviennent pas en présence d'adultes, mais plutôt en présence d'autres enfants et adolescents. Si vous en êtes témoin, ne restez pas immobile, au contraire, agissez et intervenez. Dites au harceleur, avec calme mais avec fermeté, que son comportement n'est pas tolérable, n'est ni drôle, ni acceptable ou banal.

– Certaines recherches montrent que la moitié des harcèlements prennent fin si un témoin du harcèlement a décidé d'agir.

– Si vous avez le sentiment qu'une réaction de votre part vous mettrait dans une situation précaire, faites appel à un enseignant ou à un adulte. Si le harcèlement sous-tend des menaces, ou si vous avez des raisons de croire qu'il y a risque de blessure, allez immédiatement chercher un adulte.

– Soyez bienveillant avec la personne qui a subi un harcèlement. Encouragez-la à chercher de l'aide. Rappelez-lui qu'elle ne mérite pas d'être harcelée. Lui révéler que vous prenez son parti peut faire la différence.

Hotline en France

Non au harcèlement

3020 (appel anonyme et gratuit)

http://www.nonauharcelement.education.gouv.fr/

Net écoute

0800 200 000 (numéro vert)

http://www.netecoute.fr/

Table

Première partie : Le commencement

À l'origine 17
Maman 25
Clarkstown : me voilà ! 35
L'explication la plus courte possible sur le VIH (et pourquoi maman est plus géniale qu'un mauvais génie) 41
Clarkstown : *Ici, nous t'acceptons tel que tu es, mais quand tu nous quitteras, tu seras différent* 49
Le prospectus 55
Clarkstown : Yasmine 63
Papa 71
Clarkstown : rire 75
Premier concours de Miss : « Sois toi-même » 79
Clarkstown : Super Bowl XLI 89
Prise de conscience 97
Lock-in 101
Nie en bloc : la sixième 113

Deuxième partie : Trébucher

Nouvelle année : la cinquième 131
Ne laisse personne t'atteindre 149
Va-t'en… 163
Moche 173
Première pseudo-crise épileptique 185
Ne le dis à personne… 191
Rouge 205
Se retirer 209
Tout ce que je veux, c'est agir 223

Troisième partie : Tomber

Communauté 243
Herron High 261
Se délivrer 275
Centre de gestion du stress 291
Lila 313

Quatrième partie : Devenir

Camp Kindle : l'étincelle 327
Avancer 355

Miss Teen Essence 367
« Tu décides de vivre heureuse » (et c'est tout) 375

Postface 395
Remerciements 399
Aides et ressources 401

« Pour l'éditeur, le principe est d'utiliser des papiers composés de fibres naturelles, renouvelables, recyclables et fabriquées à partir de bois issus de forêts qui adoptent un système d'aménagement durable. En outre, l'éditeur attend de ses fournisseurs de papier qu'ils s'inscrivent dans une démarche de certification environnementale reconnue. »

PAPIER À BASE DE FIBRES CERTIFIÉES

hachette s'engage pour l'environnement en réduisant l'empreinte carbone de ses livres. Celle de cet exemplaire est de : 1,2 kg éq. CO_2 Rendez-vous sur www.hachette-durable.fr

Composition PCA

Achevé d'imprimer en Espagne par Rodesa
Dépôt légal 1re publication : octobre 2016

88.5181.2 - ISBN : 978-2-01-203508-9

Loi n° 49-956 du 16 juillet 1949
sur les publications destinées à la jeunesse
Édition 01 – Dépôt légal : octobre 2016